AF588718

LA

REINE ARGOT

PARODIE

DE LA REINE MARGOT

EN TROIS ACTES, SEPT TABLEAUX ET EN VERS

PAR MM. LUBIZE, A. GUÉNÉE ET MARC-LEPREVOST.

REPRÉSENTÉE POUR LA PREMIÈRE FOIS A PARIS SUR LE THÉATRE DES FOLIES-DRAMATIQUES, LE 23 MARS 1847.

DISTRIBUTION DE LA PIÈCE.

CHARLES LEBEUF, adjoint au maire............	MM.	LEBAILLY.
POIRE-MOLLE, buandier........................		ARMAND VILLOT.
COCHONAILLE, lavandier........................		DUMOULIN.
HENRI LE RENARD, chef des buandiers......		HIPPOLYTE REY.
POLISSON frère de Charles Lebeuf.............		COUTARD.
TALOCHE, équarisseur............................		BELMONT.
LA SOUPIÈRE, aubergiste........................		DORLANGES.
SENÉ, tireur de cartes............................		FRANCE.
LARIDELLE, professeur de savate...............		FERDINAND.
ARGOT, lavandière, sœur de Charles Lebeuf..	Mmes	LEROUX.
HENRIETTE BOTTARVERS, son amie, lavandière............................		MARTINEAU.
CATRINE DOUBLE-SIX, mère de Charles....		ADAM.
MADAME LA SAUCE..............................		DANIEL.
GIGOGNE, servante d'Argot.....................		ÉLISA.

Les indications de droite et de gauche, sont prises de la salle ; les personnages sont inscrits en tête de chaque scène dans l'ordre qu'ils occupent ; le premier inscrit tient la première place à gauche.

1847

ACTE I.

PREMIER TABLEAU.

Le théâtre représente une place de village; à droite, l'auberge de La Soupière, faisant saillie sur le théâtre, avec une fenêtre praticable ouverte sur le public; à gauche la maison de Colibri.

(Au lever du rideau, La Soupière est sorti de son auberge; il regarde dans la coulisse de gauche et témoigne le plus grand étonnement.)

SCÈNE I.

LARIDELLE, LA SOUPIRÈE.

LARIDELLE, *arrivant par la gauche et revenant frapper sur l'épaule de La Soupière.*

La Soupière!

LA SOUPIÈRE.

Ah! c'est vous! Partagez ma surprise!

LARIDELLE.

Que se passe-t-il donc?

LA SOUPIÈRE.

Regardez dans l'église!

LARIDELLE, *regardant à gauche.*

C'est Henri le Renard!

LA SOUPIÈRE.

Il devient le beau-fils
De la Reine au bateau, Catrine Double-Six :
Il épouse Margot, la perle des farceuses,
Elue, au carnaval, reine des blanchisseuses,
Qu'on nomma Reine Argot, pour sa facilité
A parler le jargon dans les ports usité.

LARIDELLE.

Je le sais : notre chef, par son rang, sa fortune,
Charles Lebeuf, enfin, l'adjoint de la commune,
Pour son beau-frère prend son plus grand ennemi,
Bref, il donne Margot au buandier Henri.

LA SOUPIÈRE.

A ce nouveau venu, dont l'âme audacieuse
Veut réformer ici l'art de la blanchisseuse!
Et qui, bien plus, osa, contre nous protestant,
Au Gros Caillou fonder un établissement!
Pour blanchir, il pro crit le battoir, la potasse,
Plus d'eau, plus de savon… la vapeur les remplace,
Ils se sont décorés du nom de buandiers

Et par dérision nous nomment lavandiers...

LARIDELLE.

Aussi, nous, lavandiers, frustrés de nos pratiques,
Nous saurons nous venger de ces rivaux iniques.

LA SOUPIÈRE.

Que me dites-vous là?...

LARIDELLE.

Ne devinez vous pas
Qu'on joue avec Henri le rôle de Judas?...

LA SOUPIÈRE.

Est-il vrai?

LARIDELLE.

Nous allons ce soir, à coups de gaules,
De tous ces buandiers caresser les épaules.

LA SOUPIÈRE.

Ça me chatouillera, car si je suis traiteur,
Je joins à mes fourneaux l'état de blanchisseur.
Puissent-ils recevoir leur pile assez complète,
Pour fuir le Gros-Caillou sans tambour ni trompette !
(*Bruit de cloches audehors.*)

LARIDELLE.

La noce vient ici.

LA SOUPIÈRE.

Catrine Double-six,
Notre vieille rageuse, embrasse son beau-fils.

LARIDELLE.

C'est pour mieux qu'on l'assomme.
(*Laridelle sort, La Soupière rentre chez lui ; pendant toute la scène suivante, il écoute en entr'ouvrant sa porte.*)

SCÈNE II.

BOTTARVERS, POLISSON, CHARLES LEBEUF, DOUBLE-SIX, ARGOT, HENRI LE RENARD, LA SAUCE, LA SOUPIÈRE (*chez lui*), GENS DE LA NOCE.

CHARLES.

Henri, cet hyménée
Te promet, je l'espère, une belle journée.

CATRINE.

Le coucher du soleil n'en sera pas moins beau.

POLISSON.

Vous êtes un pigeon, ma sœur est un agneau.

ARGOT.

Taisez-vous, Polisson ! Trève à la flatterie!
Vous me faites rougir, tant j'ai de modestie.

HENRI.

On vous connait pour ça, Margot.

LA SAUCE, *bas à Henri.*

As-tu fini?

HENRI, *bas.*

Il faut bien, devant eux, faire un peu le mari!

BOTTARVERS, *à Polisson.*

Il est entre deux feux, sa femme et sa maîtresse...
Pour laquelle des deux chauffera sa tendresse?

CHARLES.

Mais qu'as-tu donc, Henri?... tu parais chiffonné!

ARGOT.

En effet, monseigneur, vous faites votre *né!*

HENRI.

Moi?

CHARLES.

Toi!

CATRINE.

Quoi? songez-vous à la haine mortelle
Qui nous brûla longtemps comme l'eau de javelle?

HENRI.

Pouvez-vous le penser?

CATRINE.

Tout doit être oublié!
(*Bas à Charles.*)
Nous vous aimons. Parlez, faites-le d'amitié!

CHARLES.

La franchise sortit du larynx de ma mère;
Je suis loyal, comme elle, et comme elle sincère.

HENRI, *à part.*

En me parlant ainsi, je crois qu'il louche un peu.
(*Haut.*) Mon frère, autant que vous, moi, j'y vais de franc jeu.

CHARLES.

Puisqu'alors l'amitié de son aile nous couvre,
Je vous cède une chambre, au second, dans mon louvre;
Nous aurons même table et tout étant commun,
Si l'un ne mangeait pas, l'autre serait à jeun;
Enfin, grâce au lien si doux qui nous rassemble,
Comme deux Siamois nous moisirons ensemble.
Rendons-nous au festin.

ARGOT.

Frère, avant le repas,
Il me reste à blanchir des foulards et des bas.

CHARLES.

C'est juste, on doit l'exemple a toutes les laveuses
Quand on est, comme toi, reine des blanchisseuses.

HENRI, *à Argot.*

Pour retourner chez nous, acceptez mon bras droit.

ARGOT.

Merci !...

LA SAUCE, *bas à Henri.*

Je prends le gauche et je suis dans mon droit

CHARLES, *à Henri.*

Où donc est Colibri, la respectable cruche,
Ton ami vénérable ?

HENRI.

Il a la coqueluche !

POLISSON.

Partons.

CHARLES, *bas à Catrine.*

L'ai-je enfoncé, ma mère ?

CATRINE, *bas.*

Bien, mon fils !
Si ce n'était pas long, je demanderais bis !
(*Toute la noce défile et sort.*)

SCÈNE III.

LA SOUPIÈRE, *puis* COCHONAILLE *et* POIRE-MOLLE, *tous deux à cheval.*

LA SOUPIÈRE, *sur le pas de la porte.*

Henri donne dedans... Mais quelqu'un nous arrive,
Observons et soyons toujours sur le qui vive.
(*Il rentre. Cochonaille, à cheval, entre par le fond à droite et Poire-Molle, aussi à cheval, par le fond à gauche.*)

COCHONAILLE, *regardant l'auberge.*

Voilà donc un bouchon ! c'est ce que je cherchais.

POIRE-MOLLE, *de même.*

Si j'en crois cette enseigne, on vend là du porc frais.

COCHONAILLE.

Entrons.

POIRE-MOLLE.

Entrons. (*Ils se trouvent face à face.*)

COCHONAILLE.

Quelqu'un !

POIRE-MOLLE.

Monsieur, allez de grâce !

COCHONAILLE.

Après vous, s'il vous plaît !

POIRE-MOLLE.

Non, quoique monsieur fasse !

COCHONAILLE.

Tous deux comment entrer ?

POIRE-MOLLE.

Et surtout à cheval ?

COCHONAILLE.

Allons donc déposer chacun notre animal.

(*Ils sortent à droite.*)

LA SOUPIÈRE, *seul.*

Quels sont ces cavaliers !... c'est qu'ils ont l'air féroce.

(*Poire-Molle et Cochonaille rentrent.*)

COCHONAILLE.

Puisqu'enfin nous avons attaché notre rosse....
Laissons nos animaux, parlons un peu de nous.

POIRE-MOLLE.

Parlons-en et d'abord comment vous nommez-vous ?

COCHONAILLE.

Je porte un nom vaillant : Animal Cochonaille,
Ami du chasselas et rude à la bataille !

POIRE-MOLLE.

Ah ! je le crois sans peine !

COCHONAILLE.

Et vous, mon petit blond,
Voyons, dégoisez-moi votre nom et prénom.

POIRE-MOLLE.

Le mien est plus coquet : Hercule Poire-Molle !

COCHONAILLE.

Et quel est votre état ?

POIRE-MOLLE, *à part.*

Moi parler ? pas si gnole !
Feignons et cachons-lui que je suis buandier.
(*Haut.*) Propriétaire... et vous ?...

COCHONAILLE, *à part.*

Moi, je suis Lavandier,
Dissimulons-le-lui. (*Haut.*) Principal locataire...

POIRE-MOLLE.

Vous m'êtes inconnu, je n'ai rien dû vous taire.

COCHONAILLE.

Je ne vous connais pas et je vous ai tout dit.
Nous allons donc loger dans le bouchon susdit ;
Et si vous le voulez, nom d'un petit bonhomme !
Nous dînerons ensemble. Etes-vous gastronome ?
Aimez-vous le boudin, la poire cuite au four,
La morue et le veau ?

POIRE-MOLLE.

Je n'aime que l'amour !

COCHONAILLE, *appelant.*

Holà ! Hé !

LA SOUPIÈRE, *paraissant.*

Messeigneurs ?

COCHONAILLE.

Prépare-moi bien vite
Une omelette au lard.

LA SOUPIÈRE.

Très bien.

(Il rentre.)

COCHONAILLE, *à Poire-Molle.*

Je vous invite !

POIRE-MOLLE.

J'accepte. En attendant que le repas soit prêt,
Je sors pour cette lettre.

COCHONAILLE.

Et moi pour ce billet.
(*A part.*) Ce moutard m'est suspect.

POIRE-MOLLE, *à part.*

Il a l'air bien canaille !

COCHONAILLE.

A bientôt, Poire-Molle.

POIRE-MOLLE.

Au revoir, Cochonaille.

(Ils sortent en se croisant ; Laridelle entre.)

SCÈNE IV.

LARIDELLE, LA SOUPIÈRE.

LA SOUPIÈRE.

Ah ! Laridelle, enfin vous voilà revenu ?

LARIDELLE.

La pile est pour ce soir ; tout est bien convenu.

LA SOUPIÈRE.

Quel sera le signal pour leur faire la chasse ?

LARIDELLE.

Quand le coq chantera.

LA SOUPIÈRE.

Compris. Le mot de passe ?

LARIDELLE.

Le mot de passe ?

LA SOUPIÈRE.

Eh bien ?

LARIDELLE.

C'est *potasse et savon.*

LA SOUPIÈRE.

Et pour le ralliement ?

LARIDELLE.

Un bonnet de coton !
Je vais à mes amis apprendre la nouvelle.

La Soupière, à ce soir!

LA SOUPIÈRE.

A ce soir, Laridelle.

(*Laridelle sort.*)

SCÈNE V.

LA SOUPIÈRE, *puis* COCHONAILLE *et* POIRE-MOLLE.

LA SOUPIÈRE *seul.*

Ah! de tous mes ennuis mon cœur est consolé!
Une arme maintenant! Viens, mon manche à balai.

(*Il démanche son balai.*)

COCHONAILLE *rentrant.*

Cuistre! notre omelette est-elle fricassée?

LA SOUPIÈRE.

Sur la table, en deux temps, elle sera placée.

COCHONAILLE.

L'adjoint était sorti, j'y suis allé trop tard.

POIRE-MOLLE, *entrant.*

Je suis allé trop tôt chez Henri le Renard.

LA SOUPIÈRE, *à part.*

Qu'entends je? l'un nous sert et l'autre nous rejette!...
Ces messieurs sont servis; voilà leur omelette!

(*Il rentre dans l'auberge.*)

POIRE-MOLLE, *à lui-même.*

Ah! quel divin objet j'ai vu dans cette cour!
C'est un ange tombé du céleste séjour!

COCHONAILLE, *entrant dans l'auberge.*

Quel fumet enivrant! quel repas délectable!
Venez donc, Poire-Molle, et mettons-nous à table.

POIRE-MOLLE.

Non, merci!

COCHONAILLE.

Lorsque j'ai des amis sous les yeux,
Je ne mange jamais d'omelettes sans eux.

POIRE-MOLLE, *entrant dans l'auberge.*

J'aime mieux vous narrer une vision étrange.

COCHONAILLE.

Narrez si vous voulez; mais quant à moi, je mange.

(*Il mange.*)

POIRE-MOLLE.

Tout à l'heure, en entrant pour donner mon billet,
Un ange m'apparut, jupon court, blanc corset,
Les bras nus, le cou nu, la jambe peu couverte,
Et qu'un fichu coiffait d'une auréole verte.
En voyant son regard resplendissant d'orgueil,
Je crus voir le soleil qui me donnait dans l'œil.

Je connais peu Vénus, mais je la crois moins belle :
C'était la reine Argot! Je pâlis, je chancelle!
Je promène sur elle un regard stupéfait...
J'admire, et vais tomber le... dos dans un baquet.

COCHONAILLE.

C'est là ce que l'on nomme un bain à domicile.

POIRE-MOLLE.

L'ange se met à rire et m'appelle imbécille!

COCHONAILLE.

Pourquoi, dans un baquet, allez-vous vous asseoir?

POIRE-MOLLE.

Je m'avance, honteux, vers la dame au battoir;
Tremblant et grelottant, je m'approche, l'aborde,
Et me prends tout à coup le cou dans une corde.
La belle rit plus fort.

COCHONAILLE.

Et vous lui dites?

POIRE-MOLLE.

Rien!
Ainsi se termina notre doux entretien.
Mais son image est là, son souvenir m'assiége,
Et j'ai la tête en feu depuis mon bain de... siége.
J'aime, hélas! sans espoir; aussi, je vais tâcher
De la revoir en songe, et je vais me coucher.
(*Pendant toute cette scène, la nuit est venue par degrés.*)

COCHONAILLE.

Moi de même!...

POIRE-MOLLE.

Bonsoir!
(*Il sort par une porte de l'auberge, à l'intérieur.*)

COCHONAILLE.

Bonsoir!

SCÈNE VI.

LARIDELLE, LA SOUPIÈRE, COCHONAILLE.

COCHONAILLE.

Rien ne m'empêche
De mettre sur mon chef ce noble casque à mèche.
(*Il se coiffe d'un bonnet de coton.*)

LA SOUPIÈRE, *qui le voit faire.*

Ah! vous êtes des bons! je m'en étais douté.

LARIDELLE, *entrant.*

Tout est prêt pour la pile et le coq a chanté.
(*Des patrouilles de lavandiers coiffés de bonnets de coton traversent la scène*).

LA SOUPIÈRE, *les regardant.*

Allons, ça va chauffer ! voici déjà les nôtres
Qui se préparent tous à tomber sur les autres.

COCHONAILLE.

Quels autres ?

LA SOUPIÈRE.

Eh parbleu ! ces gueux de buandiers
Que doivent exécrer tous les francs lavandiers.

COCHONAILLE.

On va se bûcher ?

LARIDELLE.

Oui, voyez ces gens qui grouillent,
Ce sont tous nos amis.

(*Une bande de lavandiers coiffés de bonnets de coton paraît de nouveau; le chef vient marquer la maison de Colibri.*)

COCHONAILLE.

Que font-ils?

LARIDELLE.

Ils patrouillent
Et marquent les terriers de chaque chenapan.

COCHONAILLE.

Bon, j'en suis.

LA SOUPIÈRE.

Laridelle, allez toujours devant.
(*A Cochonaille.*) De votre compagnon, tous deux faisons l'affaire.

LARIDELLE, *à lui-même.*

Et moi je vais tomber sur mon propriétaire,
Il n'est pas buandier, mais je dois mon loyer,
C'est une occasion. (*Il sort.*)

SCÈNE VII.

COCHONAILLE, LA SOUPIÈRE, *puis* POIRE-MOLLE.

LA SOUPIÈRE, *à Cochonaille.*

Venez, mon cavalier.

COCHONAILLE.

Moi, frapper un copin, c'est contre mon principe.
Je vous regarderai tout en fumant ma pipe.
(*Poire-Molle sort de l'auberge.*)

LA SOUPIÈRE, *l'apercevant.*

Le voilà justement qui paraît sur le seuil.

POIRE-MOLLE, *s'étirant.*

Depuis une heure, en vain, je cherche à clore l'œil.
J'ai trouvé dans mon lit une horde étrangère,
Qui devient pour ma peau trop inhospitalière.

LA SOUPIÈRE, *s'élançant sur Poire-Molle.*

Ah ! ton œil reste ouvert ! le voilà fermé !... tiens !...
(*Il lui donne un coup de poing.*)

POIRE-MOLLE.

Dieu ! quel affreux pochon ! Ah ! Cochonaille, viens,
Viens !... secours ton ami si tu n'es pas un pleutre.

COCHONAILLE.

Je ne puis que gémir, fumer et rester neutre !

POIRE-MOLLE, *lui donnant un coup de pied.*

Lâche !...

COCHONAILLE.

Quoi, sans remords, tu me frappes au cœur,
Moi, qui te ménageais. Crains ma juste fureur !
(*Il s'élance sur lui.*)

POIRE-MOLLE, *se sauvant.*

Sauvons-nous ! au secours ! à mon aide ! à la pile !

COCHONAILLE.

Il fuit ! poursuivons-le jusqu'au bout de la ville.

LA SOUPIÈRE.

Que tous les buandiers nous demandent merci !

COCHONAILLE.

Pas de grâce ! partons.

(*Ils sortent.*)

LARIDELLE, *entrant à la tête d'une troupe de gens en bonnets de coton et armés de gourdins.*

Et nous... chez Colibri !...

(*Tumulte. On entre chez Colibri ; poursuite des buandiers par les lavandiers.*)

DEUXIÈME TABLEAU

Une chambre à coucher très simple ; porte au fond, à côté de cette porte, alcove fermée par des rideaux très courts ; fenêtre à droite, porte latérale au premier plan à gauche.

Au lever du rideau un refrain bachique se fait entendre au dehors.

SCÈNE I.

ARGOT *seule, entrant par le fond.*

Là bas, à qui mieux mieux, la noce se *pocharde*,
Et tous les invités agitent leur *bavarde* ;
Je les ai plantés là, dédaignant le régal,
Et j'ai gagné sans bruit, le réduit nuptial ;
Ma mère l'a voulu, me voici mariée !...
Au buandier Henri je me trouve liée,
Comme à l'arbre le fruit, la giberne aux pioux-pioux,
Comme la barbe à l'homme, et la perdrix aux choux.
(*Tirant de sa poche une énorme lettre.*)

Je suis seule, lisons cette petite lettre,
Qu'Henriette Bottarvers, ici m'a fait remettre :
(*Lisant* :)
« Ton mari, sur l'hymen, mettant un éteignoir,
» Te passera, dit-on, devant le nez, ce soir!
» Il va faire le plat près de dame La Sauce,
» Et loin de toi, passer enfin sa nuit de *nôce*,
» Ne te désole pas pour un tel paltoquet,
» Avale le calice et mâche ce billet. »
Mais je me fais l'effet d'une buffleterie,
Sans garde national, restée à la mairie!
A moi, la reine Argot, un sort aussi fatal!
(*Changeant de ton.*)
Bah! je ne l'aime pas; je m'en fiche pas mal!

SCÈNE II.

ARGOT, POLISSON, *qui a écouté la lecture de la lettre ; il porte un bouillon.*

POLISSON, *à part.*

Henri ne viendra pas ; la nouvelle me chausse!...
J'avais bien deviné son amour pour La Sauce.

ARGOT, *l'apercevant.*

Ah! c'est vous, Polisson?...

POLISSON.

C'est moi-même, j'accours.

ARGOT.

Eh quoi! vous écoutiez?...

POLISSON.

Moi, j'écoute toujours!...
En outre, je venais, suivant l'antique usage,
A la jeune conjointe apporter ce potage...

ARGOT.

Merci!... je sors de table et n'en ai pas besoin.

POLISSON, *raillant.*

J'ai pris, je le vois bien, un inutile soin,
Henri ne viendra pas... c'est un bien vilain homme,
Et quant au consommé, c'est moi qui le consomme.
(*Il boit le bouillon.*)

ARGOT.

Vous vous raillez de moi!... vous êtes Polisson,
Bien plus de caractère, encore que de nom!...

POLISSON.

Ragez!... j'aime beaucoup qu'autour de moi l'on bisque.
N'avoir qu'un pauvre époux, et qu'on vous le confisque!...

SCÈNE III.

LES MÊMES, GIGOGNE.

GIGOGNE.

Madame, votre époux marche sur mes talons,
Avec deux buandiers qui portent des lampions.

POLISSON, *stupéfait.*

Lui!...

ARGOT, *avec joie.*

Lui?...

GIGOGNE, *affirmant.*

Lui!...

ARGOT.

Quoi! lui-même?... est-ce bien vrai Gigogne?..
Polisson, filez vite!...

POLISSON.

Et faire ma besogne!...
Non pas, je reste encor et je vais subito,
Me cacher avec soin derrière ce rideau.

(Il se cache derrière le rideau de l'alcove qui, étant trop court, laisse voir ses jambes.)

Là, ne vous gênez pas, je vais prêter l'oreille!

ARGOT.

Je ne puis pas souffrir une chose pareille!...
Nous avons à causer... et de cette façon,
Vous ne pouvez rester avec nous, Polisson...
Vite, allons, décampez!...

POLISSON.

Ma sœur, soyez moins prompte;
Si je veux écouter, ce n'est pas pour mon compte...

ARGOT.

Pour le compte de qui?...

POLISSON.

De dame Double-Six!...

ARGOT.

Notre mère!... ah! restez. (*A part.*) Quel métier pour un fils!

SCÈNE IV.

LES MÊMES, HENRI LE RENARD.

GIGOGNE, *annonçant.*

Sir Henri le Renard!...

POLISSON, *passant sa tête entre les rideaux.*

Qu'est-ce donc qui se trame?

ARGOT, *à part.*

Que va-t-il se passer?...

HENRI, *entrant.*
Salut à vous, madame !...
ARGOT *à Gigogne.*
Gigogne, laisse-nous ; mais ne va pas trop loin,
J'éternûrai deux fois si de toi j'ai besoin.
(*Gigogne sort.*)

SCÈNE V.

POLISSON, *caché*, ARGOT, HENRI.

HENRI.
Vous ne m'attendiez pas, peut-être, belle reine ?
ARGOT.
J'en avais fait mon deuil ; quel bon vent vous amène ?...
HENRI.
Vous allez le savoir. Nous sommes seuls, surtout ;
Pas un chat !...
ARGOT, *hésitant.*
Mais... (*Apercevant Polisson, qui lui fait signe.*)
Non, non, pas le moindre matou.
HENRI, *faisant asseoir Argot, et s'asseyant lui-même.*
Je vous crois et je vais tout dire.
(*Apercevant les jambes de Polisson, et à part.*)
Ah ! saprelotte !
Au bas de ce rideau j'aperçois une botte...
Argot n'en porte pas. (*Haut.*) En confiant époux,
Ici, je veux n'avoir aucun secret pour vous.
ARGOT, *à part.*
Et Polisson est là !...
HENRI, *à part.*
Veut-elle me surprendre ?
(*Haut.*) Je vais vous dire...
ARGOT.
Quoi ?... quelque chose de tendre ?...
HENRI.
Non, parler politique.
ARGOT.
Ah ! dans un tel moment.
Un pareil entretien n'a rien de caressant !..
HENRI.
Vos parents n'ont qu'un but, c'est de me tendre un piége,
Ils ne m'aiment pas plus que des clous à leur siége.
Ce Polisson surtout qui n'est qu'un galopin !...
ARGOT.
Parlez plus bas...
HENRI, *à part.*
C'est lui. (*Haut.*) Je vais tout dire, enfin.

ARGOT, *se levant.*

Non...

HENRI.

Pourquoi?

ARGOT.

J'ai trop chaud.

HENRI.

Que voudriez-vous prendre?

ARGOT.

Je voudrais prendre... l'air.
(*Henri ouvre la fenêtre, elle va s'y mettre et ajoute tout bas* :)
On pourrait nous entendre!

HENRI.

Nous entendre et comment?... vous l'avez dit, je crois,
Nous sommes seuls tous deux?

ARGOT, *à mi-voix.*

Comme un et un font trois!...

HENRI, *même jeu.*

Je comprends, vous craignez cette botte qui brille.
Ma femme est, je le vois, une très bonne fille...
Eh bien! soyons unis, devenez mon soutien,
De nous disons du mal, mais veuillons-nous du bien.
Bref! pour moi contre eux tous, en me restant fidèle,
Devenez mon talus, soyez ma citadelle.

ARGOT.

J'y consens... topez là!

HENRI.

C'est convenu?

ARGOT.

C'est dit!

HENRI.

Bonsoir.
(*Avec intention.*) C'en est assez pour la première nuit.
(*Il lui baise la main et sort.*)

SCÈNE VI.

ARGOT, POLISSON.

POLISSON, *sortant de sa cachette.*

Il s'en va comme ça?.. l'étrange nuit de noce!

ARGOT.

Oui, c'est pour une reine un destin bien atroce!

POLISSON.

Bonsoir, ma sœur, bonsoir; vite allez vous coucher.

ARGOT, *avec mépris.*

Ma mère vous attend; vite allez vous cacher.

POLISSON. *(Fausse sortie.)*
Ah ! si vous entendez, ce soir, quelque tumulte,
Poussez votre verrou, de crainte d'une insulte.

ARGOT.
Pourquoi ?...

POLISSON.
Poussez en deux, au moindre bruit de pas.

ARGOT.
Mes verroux sont rouillés !..

POLISSON.
Et bien !.. n'en poussez pas.
(Il sort.)

SCÈNE VII.

ARGOT, *seule.*

Ces verroux cachent-ils de nouveaux artifices...
(S'adressant à Polisson, qui est parti.)
Ils sont meilleurs que toi, car il n'ont pas de vices.
(Allant à la fenêtre, qui est restée ouverte)
Aucun bruit dans les airs, l'univers est muet !..
L'horizon est sans feux, la nature se tait...
(On entend en dehors le refrain de l'air du Tra.)
Mais quelle est cette voix qui soupire et murmure ?
Elle fait plus de bruit que n'en fait la nature !. .

VOIX DANS LA RUE.

AIR : *du Tra la la.*

Gothon la repasseuse
Aimait un blanchisseur,
Et sa flamme amoureuse
Lui dévorait le cœur !..
Comme elle n'osait dire
Ce qu'elle sentait là,
Pour peindre son martyre,
Gothon le lui chanta,
Sur l'air du Tra la la la, etc., etc.

(Avec mélancolie.)
Chacun, sur cette terre, aime ou se voit aimé !..
Moi seule tiens mon cœur à double tour fermé...
L'avare aime son or ; le poulet sa poulette !...
Le serin le mouron !.. les moutards la galette !...
Et moi, je n'aime rien !...

GIGOGNE, *accourant effarée.*
Au bout du corridor,
J'entends des pas...

ARGOT.
Vois donc qui ce peut être encor !..

GIGOGNE, *allant à la porte latérale.*

C'est madame La Sauce.

ARGOT.

Elle ici, ma rivale!..
Je tombe du clocher de notre cathédrale!..

SCÈNE VIII.

LES MÊMES, MADAME LA SAUCE.

MADAME LA SAUCE.

Reine!..

ARGOT.

Que voulez-vous?

LA SAUCE.

Mon Dieu! sauvez-le...

ARGOT.

Qui?

LA SAUCE.

Celui que j'aime!

ARGOT.

Qui?

LA SAUCE.

Mais c'est votre mari!

ARGOT.

Et vous osez venir m'avouer votre flamme!

LA SAUCE.

J'ose tout lorsqu'il faut sauver ses reins, madame.

ARGOT.

Serait-il en danger?

LA SAUCE.

Hélas! nous le perdrons
Si, pour le secourir, nous ne nous unissons...

ARGOT.

Vous dites toujours nous! Je vous trouve adorable!
Je dirai même plus!...

LA SAUCE.

Oui, je suis bien coupable!
C'est à moi qu'appartient le cœur de votre époux;
Vous n'avez que sa main, je l'aimais avant vous!...
Pour mieux le captiver j'ai fardé mon visage,
J'ai mis de faux cheveux, des robes à ramage,
J'ai dépensé trois francs chez monsieur Oudinot...
Bref! j'ai tout employé pour mieux lui plaire...

ARGOT.

Il faut

Avoir, en vérité, de laides habitudes
Pour me conter, à moi, toutes ces turpitudes.

LA SAUCE.

Je ne vous tiendrais pas ce discours importun
Si l'on ne menaçait notre adoré commun.

ARGOT.

Toujours notre !...

LA SAUCE.

Apprenez que ce soir, par la ville,
A tous les buandiers on décerne une pile...

ARGOT.

Il se pourrait?...

LA SAUCE.

Leur chef, c'est notre jeune Henri !

ARGOT.

Cessez à son égard de prendre du souci !
A lui nul n'oserait s'attaquer...

LA SAUCE.

Au contraire,
On a juré sa mort...

ARGOT.

Et qui ça ?

LA SAUCE.

Votre mère !...

ARGOT.

Pourquoi donc ?

LA SAUCE.

En tirant les cartes, l'autre jour,
Le vieux sorcier qui loge au bout du carrefour,
Prédit que la vapeur, dont il s'est fait l'apôtre,
Elevant son parti dégommerait le vôtre.
Contre lui, depuis lors, on a tout entrepris,
Ses reins sont menacés, son dos est mis à prix,
On le traque partout...

ARGOT.

Mais notre hymen, madame ?

LA SAUCE.

N'est qu'un affreux guèpier, une odieuse trame
Que tissa votre mère et son esprit caduc.

ARGOT.

Et votre amour à vous?...

LA SAUCE.

Mon amour n'est qu'un *truc*,
Afin que moi j'empêche, en mon humeur jalouse,
Que vous ne deveniez tout à fait son épouse,
On n'aurait pas osé le rosser dans vos bras.

ARGOT.

Ciel! mais où donc est-il?

LA SAUCE.

Dans de fort vilains draps.

ARGOT.

Enfin, quels sont ces draps?

LA SAUCE.

Je ne puis vous le dire,
Je venais vous prier ici de m'en instruire.

ARGOT.

Moi! mais je n'en sais rien; je le croyais chez vous.

LA SAUCE, *se jetant à genoux.*

Ah! madame, pitié!... sauvez-le!... sauvez-nous!

ARGOT, *émue.*

Je n'y puis résister! apaisez vos alarmes...
C'est mon époux... mon rôle est de sécher vos larmes;
Je vais aller trouver ma mère Double-Six...
Comptez sur moi, La Sauce...

(*Grand tumulte au dehors.*)

LA SAUCE.

O ciel! quels sont ces cris?

ARGOT.

De venir jusqu'ici n'aurait-on pas vergogne?

POIRE-MOLLE, *en dehors.*

A moi, les buandiers!..

ARGOT.

Ouvrez, ouvrez, Gigogne.

(*Gigogne ouvre, Poire-Molle entre en désordre.*)

LA SAUCE, *l'apercevant.*

Ah! ce n'est pas Henri!... comment le secourir?...

(*Elle sort par la porte latérale.*)

SCÈNE IX.

ARGOT, POIRE-MOLLE.

POIRE-MOLLE.

Madame, sauvez-moi; je me sens défaillir!

ARGOT.

Quel est donc cet intrus?... à mon secours, à l'aide!...

POIRE-MOLLE.

Ah! ciel! secourez-moi! j'ai besoin d'un remède.
L'on échine, l'on rosse, on bat les buandiers;
Pour ma part, j'ai reçu plus de cent coups de pieds.

ARGOT.

Au secours! au secours!

POIRE-MOLLE.

Taisez-vous, on me guette !
Vous allez, en criant, désigner ma retraite...
(*Bruit audehors.*)
La mèche est éventée ! ils montent!... les voici!...

SCÈNE X.

LES MÊMES, COCHONAILLE, LA SOUPIÈRE, LAVANDIERS.

COCHONAILLE, *aux autres.*

Nom d'un petit bonhomme !... accourez par ici !...

LA SOUPIÈRE.

Gare à toi, Poire-Molle !...

POIRE-MOLLE.

Ah ! comment me défendre !
Un canif, un canon, du tabac, de la cendre !...

COCHONAILLE, *lui donnant un coup de pied.*

Tiens ! tiens !...

POIRE-MOLLE, *tombant sur une chaise.*

Ah ! je me meurs.

ARGOT, *s'élançant entre eux.*

Arrètez, vil maraud !
Oserez-vous aussi frapper la reine Argot ?

COCHONAILLE.

Non, je suis trop galant!... la femme est mon idole !
Mais je veux, tôt ou tard, entamer Poire-Molle !..
(*Aux autres.*)
Suivez-moi tous !
(*Saluant Argot.*)
Madame !
(*Il sort avec La Soupière et les lavandiers.*)

SCÈNE XI.

ARGOT, POIRE-MOLLE.

ARGOT, *regardant Poire-Molle.*

Il est évanoui...
Un orage de coups vient de crever sur lui...
Oh ! comme le pochon ici-bas vous dégomme.
La douleur l'a brisé.
(*Poire-Molle ronfle.*)
Voilà qu'il fait un somme !
Mais, je le reconnais ; c'est lui qui, ce matin,
Dans un de mes baquets a pris un demi bain.
J'aime à voir remuer sa petite prunelle !...
Jeune homme... dormez-vous ?

POIRE-MOLLE, *ouvrant un œil.*

Non, je vous trouve belle !

(*Il ronfle de nouveau.*)

ARGOT.

Sa voix me mord au cœur. Quel regard noble et fier !
Ce superbe éclopé me deviendrait-il cher ?

SCÈNE XII.

LES MÊMES, LA SAUCE, GIGOGNE.

LA SAUCE, *entrant.*

Madame!...

ARGOT.

Qu'est-ce encor?

LA SAUCE.

Madame, on nous l'arrête !

ARGOT.

Quoi vraiment... mon époux ?...

LA SAUCE.

Oui... son affaire est faite !
Chez l'adjoint à l'instant il vient d'être mené.

ARGOT.

Ah ! je vole au secours de cet infortuné !...

LA SAUCE.

Que de remercîments ! Ah ! que Dieu vous bénisse !
Je lui dirai qu'à vous il doit ce grand service.

ARGOT.

Partons. (*A Gigogne* :)

Gigogne, toi, ne franchis pas mon seuil.

(*Montrant Poire-Molle* :)

Veille sur ce jeune homme et bassine-lui l'œil.

(*Argot et La Sauce sortent.*)

FIN DU PREMIER ACTE.

ACTE II

TROISIÈME TABLEAU

Le théâtre représente une cour de la blanchisserie de Bottarvers : mur au fond; à droite et à gauche, pavillons latéraux ; sur le devant de la scène, à droite, deux baquets pouvant servir de siéges : l'un est plus élevé que l'autre.

SCÈNE I.

ARGOT, BOTTARVERS.

BOTTARVERS, *à la cantonade.*

Entrez, ma reine !...

ARGOT, *entrant.*

Ici laisse cette épithète !...
Appelle-moi ton chou, ton bibi, ta crevette !...
J'oublie à tes côtés mon sceptre, l'univers ;...
Rien ne me chausse bien, que toi, ma Bottarvers.
(Allant s'asseoir sur le grand baquet.)
Causons donc librement.

BOTTARVERS, *s'asseyant sur le petit baquet.*

D'un galant j'imagine ?...

ARGOT.

Voyez-vous la fûtée ; oh! comme elle devine !

BOTTARVERS.

J'ai le nez fin !... celui qui cause ton émoi,
Où l'as-tu rencontré?

ARGOT.

Ce buandier, chez moi
S'était réfugié pour éviter la danse.

BOTTARVERS.

Sans doute, ton mari brillait par son absence ?

ARGOT.

Quelques instants avant, Henri fut arrêté ;
Mais il vient, grâce à moi, d'avoir sa liberté !
Oui j'ai passé la nuit à supplier mon frère.

BOTTARVERS.

Ta nuit de noce ?...

ARGOT.

Hélas ! Je n'avais rien à faire,
Ce matin, j'ai revu mon jeune homme à l'œil noir,
Et son œil est au bleu depuis hier au soir...

BOTTARVERS.

Que ça doit le gêner !

ARGOT.

Oh oui !

(Elles se lèvent toutes deux et se promènent bras dessus, bras dessous.)

Mais le temps presse !...
Je n'ose le garder ! à ton cœur je m'adresse...

BOTTARVERS.

Pour que je prenne soin de ce jeune galant ?

ARGOT.

Mais rends-le-moi sitôt qu'il sera bien portant.
(Désignant le pavillon de gauche.)
Ton séchoir est vacant, sauve-nous de la crise,
Mets-le là !...

BOTTARVERS.

Pas moyen !...

ARGOT.

Pourquoi ?

BOTTARVERS.

La place est prise.

(Elles se rasseyent, Bottarvers sur le grand baquet, Argot sur le petit.)

ARGOT.

Aurais-tu, par hasard, sauvé quelqu'un aussi?

BOTTARVERS.

Sans doute... mais le mien il est du bon parti !...

ARGOT.

Où l'as-tu découvert ?

BOTTARVERS.

Hier. dans la mêlée ;
Il était étendu dans le fond d'une allée ;
Un pot était tombé sur ce beau blanchisseur ;
Je ne te dirai pas si c'est un pot de fleur...

ARGOT.

Enfin, c'était un pot...

BOTTARVERS.

Mais monsieur Cochonaille...

ARGOT, *riant.*

Cochonaille est son nom ?...

BOTTARVERS.

Quoique chacun le raille,
Ce titre lui va bien !...

ARGOT.

Que faire ? sur mon dos,
Je ne puis pourtant pas remporter mon héros...

BOTTARVERS.

Tu l'as donc apporté ?
(Elles se lèvent.)

ARGOT.

Devant ton seuil il tremble.

BOTTARVERS.

Eh bien ! qu'il entre alors, nous les mettrons ensemble...

ARGOT.

Merci, ma Bottarvers !...

BOTTARVERS.

Adieu donc, chère Argot ,
Je vais, pour tous les deux, mettre la poule au pot !
(*Elle sort à gauche*).

SCÈNE II.

POIRE-MOLLE , ARGOT.

POIRE-MOLLE (*il a les yeux pochés.*)

Peut-on entrer ?...

ARGOT.

Mais oui...

POIRE-MOLLE.

Le paradis s'entrouvre !
Grâce à vous, ce séjour est l'Alhambra, le Louvre !

ARGOT.

Cette attente trop longue a dû vous fatiguer !...
Me pardonnerez-vous, si je vous fis droguer?

POIRE-MOLLE.

Comment vous en vouloir ?... Dans un silence morne,
Mon cœur rêvait à vous, assis sur une borne...

ARGOT.

Comment va votre dos?...

POIRE-MOLLE.

Trop bien, car, ce matin,
Il pourrait soutenir la porte Saint-Martin !

ARGOT.

Votre œil?...

POIRE-MOLLE.

Trop bien aussi ; le brouillard s'en efface ;
Comme l'aigle, il pourrait voir le soleil en face !

ARGOT.

Mais pourquoi donc trop bien ?

POIRE-MOLLE.

M'eussiez-vous, sans égard,
Chassé de votre nid si j'étais moins gaillard ?...
M'eussiez-vous amené dans une autre bicoque ?...
Oh ! oui, je vais trop bien !...

ARGOT.

Vous battez la breloque !...

POIRE-MOLLE.

Hélas! oui, je la bats ; depuis cet heureux jour
Où je vous aperçus au sein de votre cour,
Je n'eus qu'un seul projet, qui me rend lunatique,
Et c'est de devenir...

ARGOT.

Quoi ?...

POIRE-MOLLE.

Votre domestique !...
Laissez-moi vous servir comme un humble valet ;
Dès l'aurore, j'irai vous chercher votre lait...
Caressant vos souliers d'une brosse légère,
Ma main rendra leur cuir à sa splendeur première ;
Je ferai votre lit, j'écumerai le pot...

ARGOT.

Pour un convalescent vous parlez beaucoup trop...
Pour que vous vous taisiez je vais quitter la place !...
Adieu donc !...

POIRE-MOLLE.

Je me meurs !... Restez encor, de grâce ?...

ARGOT.

Je ne puis...

POIRE-MOLLE.

Mais au moins... votre main à baiser ?

ARGOT.

Il est certaines gens qu'on ne peut refuser !...
Ce sont les idiots, les malades, les bêtes...
Tenez...

(*Elle lui donne sa main*).

POIRE-MOLLE, *la couvrant de baisers.*

Encor, encor ! ah ! quel bien vous me faites !

ARGOT (*fausse sortie*).

Ah ! là, dans ce séchoir est un lavandier !...

POIRE-MOLLE.

Quoi ?

ARGOT.

Ne l'asticotez pas !...

POIRE-MOLLE.

Je demeurerai *coi*...

(*Argot sort à gauche.*)

SCÈNE III.

POIRE-MOLLE, *seul.*

Demande-moi ma vie, Argot, j'irai sans plainte
Manger de l'arsenic, du jus de coloquinte ;
Demande-moi l'honneur, et j'irai sur-le-champ
Voler des radis noirs dans un pré verdoyant !...
Oui, demande-moi tout, hors mon indifférence !...

(*La porte du pavillon de gauche s'ouvre.*)

Mais une porte s'ouvre, ici quelqu'un s'avance.

(*Il s'assied sur l'un des baquets.*)

SCÈNE IV.

POIRE-MOLLE, COCHONAILLE. (*Il a aussi les yeux pochés.*)

COCHONAILLE.

Ah ! j'ai bien mal à l'œil, encore plus au menton ;
Non, c'est au nez, je crois ; non, c'est plutôt au front.
Quelqu'un doit être ici... Montrons ma politesse...
Eh ! là bas !... Répondez...

POIRE-MOLLE.

Est-ce à moi qu'on s'adresse ?...
Je ne puis pas vous voir, car j'ai l'œil droit poché.

COCHONAILLE.

Et moi le gauche... où diable êtes-vous donc niché ?

POIRE-MOLLE.

Je suis sur un baquet, assis fort à mon aise...
Voulez-vous accepter la moitié de ma chaise ?

COCHONAILLE, *cherchant à tâtons.*

Enfin de quel côté ?...

POIRE-MOLLE.

De celui-ci.

COCHONAILLE, *même jeu.*

Mais où ?
Je ne distingue rien.....

POIRE-MOLLE.

Par ici !...

COCHONAILLE, *se cognant au baquet.*

Casse-cou !...

POIRE-MOLLE.

Vous y voila !...

COCHONAILLE.

Fort bien !...

POIRE-MOLLE.

Asseyez-vous !...

COCHONAILLE.

Je n'ose...
Oui, j'hésite à m'asseoir.....

POIRE-MOLLE.

J'en devine la cause...
Pour moi, de ce côté, je ne suis pas en deuil,
Vous n'êtes, je le vois, mon confrère qu'en œil...

COCHONAILLE, *qui s'est assis.*

Vous fûtes, il paraît, meurtri dans la bagarre !..

POIRE-MOLLE.

On vous a démoli, vous, sans vous crier gare !

COCHONAILLE.

Un œil endommagé !...

POIRE-MOLLE.

Des bosses, des pochons...

Voilà quel est le fruit des révolutions...

COCHONAILLE.

Si je pince celui qui m'a donné ma pile !...

POIRE-MOLLE.

Et moi, mon assommeur, il peut être tranquille !

COCHONAILLE, *lui tâtant le pouls.*

Cependant vous semblez vous porter comme un saint.
Vous avez le pouls bon... .

POIRE-MOLLE.

Grâce à mon médecin,
Que l'on prendrait plutôt pour un vétérinaire,
Il m'a modestement offert un petit verre...
Et ça m'a retabli...

COCHONAILLE.

Comment le nomme-t-on ?

POIRE-MOLLE.

Taloche !...

COCHONAILLE.

Où perche-t-il le drôle ?

POIRE-MOLLE.

A Montfaucon.

COCHONAILLE.

Nom d'un petit bonhomme ! un pareil domicile
Ne doit pas trop le mettre en odeur dans la ville ;
On trouve, en cet endroit, fort peu de parfumeurs...
La Villette, jamais, n'eut de marchés aux fleurs.
Mais, racontez-moi donc vos malheurs.....

POIRE-MOLLE.

Je commence.

COCHONAILLE, *l'interrompant.*

Poursuivez...

POIRE-MOLLE.

Hier matin, le cœur plein d'espérance,
J'avais, du Gros-Caillou touchant l'agreste bord...

COCHONAILLE.

Tiens, tiens, c'est comme moi...

POIRE-MOLLE.

Je me croyais au port...
Je montais un cheval...

COCHONAILLE.

Comme moi !...

POIRE-MOLLE.

Sur la berge,
Pour goûter du repos, je descends à l'auberge ;
Un satané gaillard, taillé comme un compas,
Vilain, grossier, stupide, arrivait sur mes pas.

COCHONAILLE, *à part.*

Dans cet affreux portrait, un peu chargé peut-être,
Nom d'un petit bonhomme ! on peut se reconnaître...

POIRE-MOLLE.
Ensemble nous dînons... et j'allais sommeiller...
Lorsqu'à coups de bâton on vient me réveiller...
C'était mon gargotier et mon gueux en colère...

COCHONAILLE, *se levant.*
Son nom?

POIRE-MOLLE (*même jeu*).
Le nom de qui?

COCHONAILLE.
Du traiteur?

POIRE-MOLLE.
La Soupière...

COCHONAILLE.
Je te retrouve enfin, buandier de malheur!

POIRE-MOLLE.
C'est lui!... vous voilà donc, injuste blanchisseur!
(*Ils saisissent chacun un baquet.*)
Je veux de ce baquet vous déformer la nuque...

COCHONAILLE.
Et moi, de celui-ci te faire une perruque!

POIRE-MOLLE.
Gare à vous!...

COCHONAILLE.
Gare à toi!...

SCÈNE V.

LES MÊMES, ARGOT, BOTTARVERS.

ARGOT.
Messieurs!...

BOTTARVERS.
Messieurs!...

ARGOT, *elle fait sonner l'r.*
Messieurs!
(*Elles les séparent.*)

BOTTARVERS.
Un pugilat, chez nous!... Allez vous battre ailleurs.

POIRE-MOLLE.
Je punis un félon!

COCHONAILLE.
Je dois mainte calotte
A ce vil buandier!...

ARGOT.
Qu'on se repapillote!...

COCHONAILLE.
Jamais.

POIRE-MOLLE.

Jamais.

ARGOT *et* BOTTARVERS.

Jamais !...

BOTTARVERS.

Votre main, Annibal !

ARGOT.

Hercule, prenez donc un air plus amical !...

BOTTARVERS, *à Cochonaille.*

C'est moi qui vous tirai de votre allée obscure.

ARGOT, *à Poire-Molle.*

Je vous sauvai, chez moi, de plus d'une entamure.

BOTTARVERS.

Et vous me refusez ?...

ARGOT.

Et vous dites *nisco ?*

Votre main...

POIRE-MOLLE.

La voici.

COCHONAILLE.

Voici la mienne ! (*Chancelant.*) Oh ! oh !...

Nom d'un petit bonhomme ! ah ! je tombe en faiblesse.

ARGOT.

Le mien montre du cœur...

BOTTARVERS.

Quant à l'autre il s'affaisse.

SCÈNE VI.

LES MÊMES, TALOCHE.

POIRE-MOLLE.

Ah ! Taloche, c'est vous qui paraissez ici...
Sauvez, sans plus tarder, mon meilleur ennemi.
Versez-lui, sans retard, un de ces petits verres
Qui me sont devenus, hier, si salutaires.

TALOCHE, *versant.*

Voilà...

POIRE-MOLLE.

Le bain de pied...

TALOCHE.

Là...

COCHONAILLE, *qui a bu.*

Je rouvre les yeux !...

(Il retend son verre et boit de nouveau.)

Que s'est-il donc passé... je me trouve bien mieux ;
En avalant cette eau, j'ai cru boire la vie.

POIRE-MOLLE.

Parbleu ! je le crois bien ; c'était de l'eau-de-vie!
(Cochonaille prend la bouteille des mains de Taloche et boit à même.)

COCHONAILLE.

Topez là, Poire-Molle !...
(Ils se donnent une poignée de main.)

ARGOT *et* BOTTARVERS.

O spectacle touchant !...

COCHONAILLE, *à Poire-Molle.*

Si j'en renviens un jour, vous serez mon *faisant.*

POIRE-MOLLE.

Cher monsieur!...

COCHONAILLE.

Cher ami! *(A Taloche.)* Votre main, mon brave homme.

TALOCHE.

A vous? jamais... jamais...

COCHONAILLE.

Nom d'un petit bonhomme!
Donnez-la donc...

TALOCHE.

Pour moi, ce serait trop d'honneur.

COCHONAILLE.

Pourquoi donc?...

TALOCHE.

Parce que je suis... équarisseur!

COCHONAILLE.

Raison de plus... *(Il lui serre la main.)*

POIRE-MOLLE.

Eh quoi ! vous lui donnez...

COCHONAILLE.

Sans doute!...
(Nouvelle poignée de main.)

POIRE-MOLLE, *donnant un sou à Taloche.*

Moi je lui donne un sou. *(A part.)*
Ce monsieur me dégoûte!

TALOCHE.

Il m'a pressé la main!... *(A Cochonaille.)*
A vous, mon cœur, ma foi...
J'abats les animaux, comptez toujours sur moi...

ARGOT, *à Taloche.*

Eh bien?...

TALOCHE.

Ils guériront, ayez bonne espérance;
Pour eux plus de douleurs, plus de jours de souffrance.
(Il salue et sort.)

SCÈNE VII.

POIRE-MOLLE, COCHONAILLE, BOTTARVERS, ARGOT.

BOTTARVERS.

Vous voilà donc sauvés!...

COCHONAILLE.

Je suis tout égrillard!...
Et si vous chérissez la campagne et le lard,
Nous irons à Saint-Cloud manger une omelette
Et siroter le blanc...

ARGOT.

Quoi? nous mettre en goguette
Avec deux jeunes gens...

BOTTARVERS.

Plus souvent!... Et les mœurs!...

POIRE-MOLLE.

C'est jus[illegible]!

ARGOT.

Et nous avons, *d'ailleurs*, *affaire ailleurs.*

COCHONAILLE.

Comment, vous nous laissez!...

POIRE-MOLLE.

Quoi! mon étoile file!...

ARGOT.

Au plaisir...

BOTTARVERS.

A bientôt....

ARGOT, *bas à Bottarvers.*

Gagnons le domicile
De Séné le devin, et sachons si nos cœurs
Ne se donnèrent pas, ma chère, à deux blagueurs.

(Elles sortent.)

SCÈNE VIII.

COCHONAILLE, POIRE-MOLLE.

COCHONAILLE, *criant.*

Elles nous plantent là!... J'étrangle de colère!
Nom d'un petit bonhomme!...

POIRE-MOLLE.

Ah! mon ami, mon frère!
Nous sommes victimés.

COCHONAILLE.

Est-ce que l'on voudrait
Nous traiter en jobards?

POIRE-MOLLE.

Je conçois un projet!...
Vous connaissez Séné, c'est un tireur de cartes,

Cité pour son savoir, ses poules, ses pancartes;
Chez lui, la vérité, grâce à certain poupard,
Se montre aux amoureux, sans jupon et sans fard.
Allons-y...

COCHONAILLE.

Soit. Sachons si nos âmes fougueuses
Ne se donnèrent pas, mon cher, à deux blagueuses.
(Ils sortent.)

QUATRIÈME TABLEAU

La chambre d'Argot; même décors qu'au deuxième tableau.

SCÈNE I.

ARGOT, BOTTARVERS, *arrivant par le fond.*

ARGOT.

Nous avons des galants première qualité!...

BOTTARVERS.

Nous ne pouvons douter de leur sincérité.

ARGOT.

Ils nous sont attachés comme la dent au peigne!

BOTTARVERS.

Et quelle sympathie entre nous quatre règne!
Nous allions en secret chez le père Séné,
Et nous nous y trouvons avec eux nez à *né*!...

ARGOT.

Leurs belles doutaient d'eux; eux doutaient de leurs belles;
Aussi, chez le sorcier, arrivant avant elles,
Ils avaient déjà fait des conjurations,
Et savaient le degré de nos deux passions.

BOTTARVERS.

Pour dîner avec eux, ils vont venir nous prendre.

ARGOT.

Ils sont chez le *Merlan*.

BOTTARVERS.

Ah! je crois les entendre.

ARGOT.

Ouvre-leur vite!...

BOTTARVERS, *allant ouvrir.*

Ah! ciel!

ARGOT.

Quoi donc?

BOTTARVERS.

C'est ton mari!

ARGOT.

Quoi, mon mari?... *Décarer!* attends-moi.

(*Bottarvers sort à gauche*).

Le voici.

SCÈNE II.

ARGOT, HENRI.

HENRI.

Comment va la santé de ma flambante reine?

ARGOT, *à part.*

Quand on attend l'amour, ah! que l'hymen vous gêne!

HENRI.

Vous avez, je le sens, du plaisir à me voir?

ARGOT.

Beaucoup!...

HENRI.

C'est comme moi!

ARGOT, *à part.*

Nous craquons par devoir!

HENRI.

Vous souvient-il encor du traité qui, naguère,
Entre nous fut passé, non pardevant notaire?...

ARGOT.

Sans doute...

HENRI.

Votre mère espère en ce moment
Absorber dans le sien mon établissement.
Elle croit m'enfoncer, mais je vois la ficelle,
Et je veux transplanter mes lares à Grenelle...
Mon projet vous plaît-il?

ARGOT.

Je le trouve *rupin!*

HENRI.

Filerai-je seul?...

ARGOT.

Non; je file dès demain...

HENRI.

Ah! merci! justement, Charles, cette semaine
Doit chasser le lapin pour peupler sa garenne.
Nous l'accompagnerons; mais le lâchant bientôt,
Vers Grenelle, tous deux, nous prendrons le galop.
Mais il faut que quelqu'un prépare notre fuite,
Et je viens, près de vous, le chercher au plus vite.

ARGOT.

Le chercher près de moi?...

HENRI.

Sans doute.

ARGOT.

À quel propos?...

HENRI.

Vous avez d'un jeune homme, hier, sauvé le dos?...

ARGOT.

Vous savez?...

HENRI.

Il se nomme, a-t-on dit, Poire-Molle!..
C'est l'homme qu'il me faut; obtenez sa parole.

ARGOT.

Moi?...

HENRI.

J'implorerais bien moi-même son appui,
Mais vous devez avoir plus d'empire sur lui;
Afin de l'éblouir entassez les promesses;
Offrez-lui des présents, des gros sous, des richesses;
C'est à vous de fixer sa gratification,
(*Avec intention*).
Je mets tous mes trésors, à sa disposition.
(*Il lui baise la main et sort.*)

SCÈNE III.

ARGOT; *puis* POIRE-MOLLE, *très frisé.*

ARGOT.

Ah! je n'ai pas besoin de lui donner ces primes,
A lui qui m'offrirait ses jours pour dix centimes.
(*Poire-Molle entre.*)
C'est lui!..

POIRE-MOLLE.

C'est vous enfin; j'arrive au paradis;
J'ai fait, de mes cheveux, réparer le fouillis
Et nous allons bientôt gagner l'agreste plaine
Où je pourrai parler d'amour la bouche pleine.

ARGOT.

Oui; mais causons d'abord.

POIRE-MOLLE *la lutinant.*

Soit.

ARGOT, *lui tapant sur les doigts.*

Sérieusement!

POIRE-MOLLE.

Cet adverbe est bien dur!

ARGOT.

Eh bien!.. intimement...
(*Elle s'assied*).
M'aimeriez-vous assez, répondez, Poire-Molle,
Pour vous montrer joyeux, faire une cabriole,
Si, secouant un jour la fraternelle loi,

Je pouvais devenir blanchisseuse chez moi ?

POIRE-MOLLE.

Ce que vous desirez, hélas ! je le desire...
Pleurez, je vais pleurer ; riez et je vais rire.

ARGOT.

En ce cas, en m'aidant faites votre bonheur !..

POIRE-MOLLE.

Oh! je vous perdrai...

ARGOT.

Non ; vous serez lessiveur
A six francs par jour...

POIRE-MOLLE.

Ah ! pas d'intérêt, madame,
Par le contact de l'or ne souillez pas ma flamme.

ARGOT.

Enfin, consentez-vous à m'épauler ici ?
Quelle est votre réponse ?.. Allez, causez !...

POIRE-MOLLE.

Voici !..
Jadis j'entendis dire à plus de trente lieues,
A Versaille, à Saint-Cloud, dans toutes les banlieues,
Où déjà vos attraits, comme un éclair des cieux,
Sans que je les aie vus, faisaient cligner mes yeux;
J'entendis répéter, surtout à Romainville,
Que vous aviez aimé dans les champs, à la ville ;
Que vous aviez aimé souvent, même beaucoup,
Mais qu'hélas ! votre amour n'était pas *gai* du tout ;
Car de quinze pioux-pioux on m'a conté le drame ;
On les a tous rossés pour amortir leur flamme ;

(*Argot se gratte le nez.*)

Vous vous taisez, ma reine, et vous grattez le *né* :
C'est donc vrai que sur vous on n'a pas cancané !
Eh bien, faites de moi, qui ne suis pas bravache,
Un de vos favoris ; et de par ma moustache !
Que mes jambes, mes bras, par vous soient employés,
Je mets mon cœur, mon âme et mon corps à vos pieds.

(*Il s'agenouille devant Argot, elle lui passe ses bras autour du cou.*)

Seulement, jurez-moi, si pour vous on m'éreinte,
Si quelque amant jaloux, bat cette coloquinte,
Ce chef-d'œuvre d'amour, ce front majestueux,
Que couronne à son faîte un buisson de cheveux,
Et sous quoi vous posez, pour prolonger l'ivresse,
Vos deux bras potelés, cravate de tendresse ;
Si pour vous, quelque jour, je suis rossé, battu,
Si l'on fêle un endroit de mon individu,
Que vous viendrez verser, sans le moindre murmure
Un baume consolant sur ma triste blessure.
Voilà ce que demande ici mon cœur épris ;

Ce sera du martyre un ineffable prix!..

ARGOT, *se levant,*

O lugubre pensée! O toquade un peu forte!

POIRE-MOLLE, *qui s'est relevé.*

Jurez!...

ARGOT.

Moi que je jure!

POIRE-MOLLE.

Oui!...

ARGOT.

Sur quoi donc?

POIRE-MOLLE.

N'importe!...

ARGOT, *solennellement.*

Eh bien! mon beau garçon, je te donne ma foi
Que, si jamais un jour on t'éreintait pour moi,
Pour te récompenser de ton âme si grande,
Je viendrais t'apporter cette modeste offrande!

POIRE-MOLLE.

Disposez donc de moi, tout comme d'un joujou,
Je deviens votre serf, je suis votre toutou.

ARGOT.

C'est dit : j'accepte, moi, ton dévoûment sincère,
Je te dirai plus tard ce qu'il te faudra faire.
Adieu, noble gamin.

(*Poire-molle s'incline pour lui baiser la main; elle l'embrasse au front et se sauve*).

SCÈNE IV.

POIRE-MOLLE, *puis* COCHONAILLE.

POIRE-MOLLE.

O merci, mon Argot!...
Mon cœur résonne encor de ton tendre bécot...
Je resterai cent ans sans me laver la face,
De peur que de mon front ton baiser ne s'efface.

COCHONAILLE, *entrant.*

Nom d'un petit bonhomme! enfin, me voilà prêt!
En avant le festin!... où donc est mon objet?

SCÈNE V.

LES MÊMES, ARGOT *et* BOTTARVERS.

BOTTARVERS.

Vous voici toutes deux.

COCHONAILLE.

Comme l'on va s'ébattre!

Y sommes-nous?...

Les autres.

Sans doute.

COCHONAILLE.

Alors! en avant quatre!

(*Ils sortent en dansant.*)

CINQUIÈME TABLEAU

Une forêt; à gauche un banc de gazon.

SCÈNE I.

MAD. DOUBLE-SIX, *arrivant.*

(*Elle porte un immense cabas.*)

Mon fils chasse là-bas... et je viens pour attendre
Sené, qui, par mon ordre, en ces lieux doit se rendre.

SCÈNE II.

DOUBLE-SIX, SENÉ.

SENÉ. (*Il porte un petit panier et cache quelque chose sous son manteau.*)

Me voici.

DOUBLE-SIX.

C'est très bien, et maintenant dis-moi...
Quels sont les gens, hier, qui sont venus chez toi?

SENÉ.

Des amoureux.

DOUBLE-SIX.

Lesquels?... ne me fais pas de colle?...

SENÉ.

Bottarvers, Cochonaille, Argot et Poire-Molle!...

DOUBLE-SIX.

Que voulaient-ils savoir?

SENÉ.

S'ils s'aimaient.

DOUBLE-SIX.

Et ton art
Le leur a-t-il appris?

SENÉ, *tirant de dessous son manteau un poupard qui n'a pas de nez.*

Regardez ce poupard...
C'est le portrait d'Argot.

DOUBLE-SIX.

Oh ! comme il lui ressemble !

SENÉ.

L'exercice s'est fait avec beaucoup d'ensemble !
Sur ce front, Poire-Molle inscrivit la lettre A ;
Puis le visant au nez, d'un coup le lui coupa.

DOUBLE-SIX.

D'un seul coup ?...

SENÉ.

Oui, d'un seul... l'échancrure était nette !

DOUBLE-SIX.

C'est qu'il est bien aimé. Garde cette statuette ;
Dans un temps opportun nous nous en servirons,
Et parlons maintenant de conjurations.
As - tu plumé ton coq ?

SENÉ.

Oui... la bête en colère,
Poussa trois hurlements.

DOUBLE-SIX.

Quelle affreuse lumière !

SENÉ, *imitant le coq.*

Cott ! Cott ! Co... ott !... voilà ce qu'il fit en mourant !
Une fois décédé je lui perçai le flanc :
Il avait *trois gigiers*, trois gorges, trois entrailles,
En un mot, à lui seul, il formait trois volailles.

DOUBLE SIX.

Encor ce nombre trois et répété trois fois !
Ah ! je m'explique trop cette règle de trois :
Ça veut dire qu'Henri, l'époux d'Argot, ma fille,
Un jour l'emportera sur toute ma famille.
Eh quoi ! ce buandier, devenant oppresseur,
Pourrait, du Gros-Caillou, chasser le blanchisseur ?
Ah ! non !... (*à Sené.*) As-tu tiré de ta bibliothèque
Ce livre si fameux, que je crois de Sénèque
Ou de Voltaire... *l'art d'élever les lapins.*

SENÉ, *tirant une brochure de son panier.*

Oui, le voilà !...

DOUBLE-SIX, *le prenant.*

De lui dépendent mes destins !...

SENÉ, *à part.*

Elever des lapins !... mais quel appât la tente ?...
Voudrait-elle gagner trois mille francs de rente ?

DOUBLE-SIX.

Va-t-en, laisse-moi seule.

SENÉ.

Allons herboriser.
(*Il sort.*)

SCÈNE III.

DOUBLE-SIX, *seule.*

Henri, prends garde à toi, car je vais tout oser !
(S'asseyant sur le banc de gazon.)
Vite, fourrons mes gants et prenant cet ouvrage,
De jus de marrons d'Inde imprégnons chaque page.
C'est pour rendre stupide un excellent secret...
Je l'ai trouvé... j'espère en avoir le brevet...
(Elle frotte les pages du livre avec des marrons d'Inde.)
Les feuillets sont collés ; pour que sa main les pousse,
Sans nul doute, il faudra qu'Henri tette son pouce ;
Alors, je suis vengée !... Il devient idiot...
Oui, c'en est fait de lui, s'il suce ce sirop !...

SCÈNE IV.

DOUBLE-SIX, POLISSON.

POLISSON, *à lui-même.*
C'est bien ici l'endroit, avançons en sourdine !...
DOUBLE-SIX.
Quelqu'un !... de la prudence ! et cachons ma cuisine !...
(Elle met le tout dans son cabas; mais en apercevant Polisson elle se rassure.)
POLISSON.
Oui, j'aperçois ma mère !...
DOUBLE-SIX.
Ecoutez, Polisson...
POLISSON, *reniflant.*
Dieu ! la vilaine odeur ! qu'est-ce que ça sent donc ?
DOUBLE-SIX.
Auprès de Charle, Henri vient de rentrer en grâce ,
Il faut donc un moyen qui nous en débarrasse.
POLISSON.
S'il était perroquet nous aurions le persil...
DOUBLE-SIX.
J'ai pour lui, qui sait lire, un moyen plus subtil.
POLISSON.
Quel est donc ce moyen?
(Lui montrant la brochure des lapins.)
DOUBLE-SIX.
Tenez, prenez ce livre,
Et vous verrez, plus tard, ce qui pourra s'en suivre...
POLISSON.
A qui le remettrai-je ?...
DOUBLE-SIX.
Au buandier Henri !...
Ne l'ouvrez pas surtout.

POLISSON.

Non, non, il est pour lui !

DOUBLE-SIX.

Prenez-le hardiment, vous avez des mitaines.

POLISSON, *le prenant du bout des doigt.*

En le touchant, l'effroi trottine dans mes veines.

(*On entend un son de trompe.*)

DOUBLE-SIX, *regardant au fond.*

Mais j'entends une trompe et ne me trompe pas;
C'est Henri.

POLISSON.

Justement, lui-même...

DOUBLE-SIX.

Je m'en *vas.*

(*Elle sort.*)

SCÈNE V.

POLISSON, *puis* HENRI.

HENRI, *entrant.*

Je me suis égaré dans ce bois solitaire,
Et pour me renseigner, pas un commissionnaire !

POLISSON.

Salut à vous, mon bon...

HENRI.

Polisson en ces lieux

POLISSON.

Moi-même... de vous voir je suis vraiment heureux !
Vous m'avez demandé jadis certain Kœpsique
Contenant dans son sein la savante tactique
D'élever les lapins ?...

HENRI.

Oui, je l'ai désiré,
Mais je n'ai pu l'avoir...

POLISSON, *le lui donnant.*

Je vous l'ai procuré...

CHARLES, *en dehors.*

Henriot !... Henriot !...

POLISSON, *à part.*

Charles*!* (*Haut.*) Je me retranche !...

HENRI.

Je suis vraiment touché de votre amitié franche !

POLISSON.

Ah ! croyez qu'il m'est doux de vous serrer la main !
(*A part.*) Je pense avoir été suffisamment gredin.

(*Il sort.*)

SCÈNE VI.

HENRI, CHARLES.

CHARLES.

Henriot ! Henriot !...

HENRI.

C'est Charles qui m'appelle...
Mais quel est donc ce livre ?

CHARLES.

En croirai-je mon œil !...
Entre tes mains, Henri, ce sublime recueil !...
Mon Dieu ! qu'il est des gens heureux sur cette terre ;
Mais qui t'a donc remis ce foyer de lumière?

HENRI.

Polisson !...

CHARLES.

Le sournois, où l'a-t-il bouquiné ?
L'as-tu-lu ?

HENRI.

Non.

CHARLES.

Par moi qu'il soit donc étrenné ;
Ne me refuse pas cette attrayante amorce...
Si tu la refusais... je la prendrais de force.

HENRI, *lui donnant le livre.*

Je vous l'accorde alors...

CHARLES, *le prenant.*

Va-t'en ! cela suffit...
Laisse-moi tête à tête avec ce noble écrit !...

(HENRI *sort.*)

SCÈNE VII.

CHARLES.

CHARLES, *seul.* (*Il s'assied sur le banc de gazon.*)

Ces feuilles sont collés ?... vainement je les touche.
Pour qu'ils glissent fourrons nos doigts dans notre bouche,
L'exercice est vilain et je me fais l'effet,
D'un tambour mal appris, quand il joue au piquet.

(*Il continue à lire bas.*)

SCÈNE VIII.

CHARLES, POLISSON, *au fond.*

POLISSON, *à part.*

Il a son nez dedans !...

CHARLES.

Que ma langue est amère !

POLLISSON, *à part.*

Mais ce n'est pas Henri ; que vois-je ! c'est mon frère !
Il a mouillé son doigt... O bizarre destin !...
C'est donc Charles Lebeuf qui deviendra crétin... (*Il sort.*)

SCÈNE IX.

CHARLES, *seul.*

Mais d'où peut donc venir le goût qui me tourmente ?
(*Lisant.*)
« Pour se faire avec eux trois mille francs de rente,
» Il faut avoir des prés, des forêts, des châteaux,
» Les tuer, les manger et puis vendre leurs peaux. »
Qu'est-ce que je ressens ? (*Il prend un tic.*)
Ah ! ma cervelle grouille.
Quel symptôme alarmant m'égaie et me farfouille ?...
(*Montrant le livre.*)
Je n'en saurais douter, la saveur vient de là...
De quoi l'a-t-on frotté ? qui donc me le dira ?
(*Sené paraît.*)

SCÈNE X.

CHARLES, SENÉ.

CHARLES.

Séné ?

SENÉ.

M. l'Adjoint.

Viens ici je te prie !
On te dit pas mal fort sur l'herboristerie ?

SENÉ.

Je n'y suis pas mazette !...

CHARLES, *déchirant un morceau du livre.*

Alors, père Sené...
Sur ce papier malpropre appose ton vieux né.

SENÉ.

Oh ! que ça sent mauvais...

CHARLES.

Enfin quel parfum est-ce !

SENÉ.

Du jus de marron d'Inde... ah ! c'est l'odeur traîtresse.

CHARLES.

Et si quelque imprudent par malheur l'eût sucé,
Qu'en résulterait-il ?

SENÉ.

Il serait fricassé ;
Il deviendrait stupide et peut-être hydrophobe.
Toujours le marron d'Inde abrutit.

CHARLES, *à part.*

Je la gobe...

Haut.) Tiens, vois cette brochure...

SENÉ.

Eh! mais ce livre-ci

Par moi fut remis pur à votre mère, ici...

CHARLES.

Pour qui donc?...

SENÉ.

Pour Henri!...

CHARLES, *à part.*

Digérons la pilule!

A cause de maman, il faut qu'on dissimule.
C'est elle!... laisse-nous...

(*Sené sort.*)

SCÈNE XI.

CHARLES, MADAME DOUBLE-SIX.

(*Elle tient quelque chose caché sous son manteau.*)

DOUBLE-SIX, *à part.*

Polisson m'a tout dit;

Mais un dernier espoir en ce lieu me conduit.

CHARLES, *à part.*

Dissimulons. (*Haut.*) C'est vous, ma respectable mère!

DOUBLE-SIX.

Qu'avez-vous, mon cher fils? votre face s'altère!...

CHARLES, *à part.*

Oui, cela me reprend...

DOUBLE-SIX, *à part.*

Drôle de quiproquo.

(*Haut*) Rassurez-vous, je sais d'où vient votre *bobo.*

CHARLES, *à part.*

Et moi de même.

DOUBLE-SIX.

C'est un accès de magie.

CHARLES.

Je ne connaissais pas, moi, cette maladie!...

DOUBLE-SIX.

Votre Henri le Renard, que vous aimez si fort,
A fait, par deux amis, sur vous jeter un sort

DOUBLE-SIX, *tirant le poupard de dessous son manteau.*

Regardez ce poupard.

Que voyez-vous autour de cette tête altière?...
Répondez!...

CHARLES.

Mais quoi donc?

DOUBLE-SIX.

Une écharpe de maire !
Regardez audessous de ces deux yeux cernés,
Que voyez-vous encor?...

CHARLES.

Je ne vois pas de nez...

DOUBLE-SIX.

Enfin que dites-vous de ce charmant ensemble?

CHARLES.

Rien... et vous?...

DOUBLE-SIX.

Moi, mon fils... je dis qu'il vous ressemble !...
Les traîtres ont osé contraindre le destin
A vous précipiter dans un affreux pétrin!
Quand on veut obtenir de la sorcellerie
Que le particulier divague en effigie,
On lui coupe le *né,* puis on met sur son front
Le signe initial de sa profession.
Voyez cet A, mon fils, cet A qui le condamne,
Cet A veut dire *adjoint.*

CHARLES.

Cet A pourrait dire *âne.*
Mais enfin nommez-moi les complices d'Henri?

DOUBLE-SIX.

Vous les nommer, mon fils ..
(*Regardant au fond.*)
Regardez, les voici...

CHARLES.

Allons chercher main forte !
(*A part.*)
Maman seule est coupable ;
Mais ne ternissons pas son toupet vénérable !...
Je sacrifie ainsi ces deux grands innocents...
Ma foi, tant pis pour eux, on les mettra dedans.
(*Il sort avec sa mère.*)

SCÈNE XII.

COCHONAILLE, POIRE-MOLLE.

COCHONAILLE.

Voici, du rendez-vous, la place convenue !

POIRE-MOLLE.

Dès qu'avec son époux Argot sera venue,
Nous partirons... pour fuir, tous nos apprêts sont prêts.
Un âne broute là, chargé de nos paquets.
Mais, pourquoi t'exposer, toi, mon ami fidèle?

COCHONAILLE.

Moi, que je reste ici quand tu pars pour Grenelle ;
Qui partagerait donc ton toit, tes matelas,

Tous tes repas ?... sans toi, mais je ne vivrais pas !

POIRE-MOLLE.

Noble cœur... mais, mon Dieu, comme ils se font attendre.
Je suis sur des charbons...

COCHONAILLE.

Viens, je crois les entendre !

SCÈNE XIII.

LES MÊMES, HENRI, ARGOT, CHARLES, DOUBLE-SIX, LA-RIDELLE, *gardes-chasse, blanchisseurs et blanchisseuses.*

CHARLES, *désignant Poire-Molle et Cochonaille.*

Arrêtez-les tous deux...

(*On les arrête.*)

ARGOT, *à part.*

O ciel ! tout est perdu !...

COCHONAILLE.

Pourquoi mettre la main sur notre individu ?

CHARLES.

Ce sont deux criminels !...

POIRE-MOLLE.

Oh !

ARGOT.

C'est invraisemblable.

(*Bas à Charles.*)

Mon frère, vous errez, aucun d'eux n'est coupable.

CHARLES, *bas à Argot.*

Parbleu, je le sais bien, mais ça peut nous servir.

HENRI, *bas à Charles.*

Arrêtez-moi comme eux, ça me fera plaisir.

CHARLES.

Vrai ?... Qu'on l'arrête aussi.

(*On arrête Henri.*)

HENRI, *à part.*

Bien : de cette manière,
Là bas, je n'aurai rien à craindre de sa mère.

DOUBLE-SIX, *à part.*

Ils sont frits tous les trois, chacun d'eux est captif !

ARGOT, *bas à Poire-Molle.*

Cher amant, pas de *taff* et ne fais pas ton *piff* !...

COCHONAILLE.

Nous sommes enfoncés !

POIRE-MOLLE, *bas.*

Non, rassure- frère,
Elle a dit deux mots *grecs* qui veulentre espère.'

CHARLES, *perdant la tête et chantant.*

Tra, la, la, la, la, la !... mais quel est donc cet air ?...

ARGOT.

O ciel ! il perd la tête !

LARIDELLE.

Oh! notre adjoint si cher.

CHARLES, *même jeu.*

Pomdeterfritousko! Bufleterof! Guérite!
Calergne! Drolichon!

DOUBLE-SIX.

Secourons-le bien vite.

CHARLES, *se remettant.*

Où suis-je?... Ce n'est rien!... j'ai mal, je ne sais où,
Mon cervelet se fèle... Enfants, au Gros-Caillou!...

FIN DEUXIÈME ACTE.

ACTE III.

SIXIÈME TABLEAU.

Un cachot, portes à droite et à gauche.

SCÈNE I.

TALOCHE, *seul.* (*Il a une fausse barbe.*)

Que la reconnaissance a donc sur moi d'empire!...
Caché sous les habits d'un geôlier dur à cuire,
J'ai quitté mon pays, ma femme, mes enfants,
Toutes mes vieilles peaux, et me suis mis dedans.
Toi qui pressas ma main, je saurai t'être utile!
Mon cœur à tout jamais est *cochonaillophile!*
Il veulent tous les deux avoir un entretien...
Ouvrons-leur, et surtout... dissimulons-nous bien!
(*Il ouvre les portes de droite et de gauche.*)
Venez... Enfin de l'air!

SCÈNE II.

TALOCHE, POIRE-MOLLE, COCHONAILLE.

COCHONAILLE.

Plus de fers, plus de paille!...
Dans mes bras, Poire-Molle!

POIRE-MOLLE.

A mon cou, Cochonaille!...
(*Ils s'embrassent.*)

COCHONAILLE.

Nous, captifs!... mais pourquoi?...

POIRE-MOLLE.

Si c'était, par hasard,
Pour avoir abattu le nez de ce poupard ?...

COCHONAILLE.

Bah ! c'était le portrait d'Argot, ton adorée !...
Si ton cœur est son bien, son nez est ta denrée !

POIRE-MOLLE.

Hélas !

(*Il éternue.*)

Mais je m'enrhume à l'air de ce violon.

COCHONAILLE.

Devons-nous y moisir encore longtemps ?

TALOCHE, *s'avançant.*

Non !
Aujourd'hui vos tendrons, nouvelles pédicures,
Doivent vous extirper de ces caves impures.

COCHONAILLE.

A cette extraction, brave gueux, tu consens ?...

POIRE-MOLLE.

Qu'est-ce donc ?

TALOCHE.

Je suis bon, et j'ai reçu trois francs.
Prenez garde, l'on vient ; vite qu'on se sépare !

COCHONAILLE.

Est-ce un plat de l'adjoint qu'encore on nous prépare ?

SCÈNE III.

LES MÊMES, LARIDELLE.

LARIDELLE.

Poire-Molle, rentrez dans votre appartement.

POIRE-MOLLE, *à Cochonaille.*

Adieu, mon cher copin.

COCHONAILLE.

Au revoir, mon faisant.

(*Poire-Molle sort.*)

LARIDELLE, *bas à Taloche.*

Tout est-il préparé dans le laboratoire ?...

TALOCHE.

Oui...

LARIDELLE.

Je vais procéder à l'interrogatoire.

(*Taloche et Laridelle sortent par où est sorti Poire-Molle.*)

SCÈNE IV.

COCHONAILLE, *seul.*

Ils l'emmènent tout seul ; quel est ce traquenard ?

Je barbotte incertain, comme un simple canard.
Mais quel est donc ce bruit qui vient frapper mon ouïe?
On dirait une voix sous un ballon enfouie...
(*Il va écouter à la porte de Poire-Molle.*)
Non, je n'en puis douter, on bataille là-bas;
Nom d'un petit bonhomme! et moi je n'en suis pas.
Sans doute de l'adjoint, c'est la vile cohorte!
Je ressens le besoin d'enfoncer cette porte.
Serait-ce Poire-Molle?... Ouvrez... et sans retard!
On contraint mon ami... j'en veux avoir ma part.

SCÈNE V.

COCHONAILLE, LARIDELLE, TALOCHE, *Deux gardes champêtres.*

LARIDELLE.

Délinquant, écoutez!...

COCHONAILLE.

Quel teint patibulaire!...

LARIDELLE.

Voici votre sentence.

COCHONAILLE.

Oh! que va-t-on me faire?

LARIDELLE, *lisant.*

« Gros-Caillou, ce vingt-deux : jour de la saint Crépin :
» Attendu que le sieur Cochonaille hier matin
» Au cerveau de l'adjoint a fait plus d'une entaille,
» Et qu'il l'a rendu bête à manger de la paille;
» Le délinquant devra recevoir, à huis clos,
» Vint-cinq coups de savate aux environs du dos. »

COCHONAILLE.

J'en rappelle.

LARIDELLE.

De plus... De tous ses maléfices,
S'il ne veut tout de suite avouer les complices,
Nous allons l'appliquer à la question.

COCHONAILLE.

Tien!...
Mais c'est passé de mode et je ne dirai rien.

LARIDELLE.

Saisissez-le! attachez-le!

COCHONAILLE.

Ah l'atroce surprise!...
(*On le saisit et on l'attache sur une chaise.*)

TALOCHE, *à Laridelle.*

Ainsi vous voulez donc?...

LARIDELLE.

Contraindre sa franchise,
En le forçant à boire : *In vino veritas!...*

Sitôt qu'il sera gris, il ne se taira pas.

(*A Cochonaille.*)

Buvez...

COCHONAILLE.

Je ne veux rien me fourrer dans le torse!

LARIDELLE.

Apportez ce qu'il faut pour l'entonner de force.

(*On met un entonnoir dans la bouche de Cochonaille et l'on verse le contenu d'un broc.*

COCHONAILLE.

Mais ce n'est pas du vin.

TALOCHE, *ôtant sa barbe.*

Chut! ne criez pas trop,

(*Bas.*)

Je vous sauve !...

COCHONAILLE, *bas.*

Taloche!

TALOCHE, *haut.*

Avalez le sirop!...

LARIDELLE, *à Cochonaille.*

Que faisiez-vous au bois?

COCHONAILLE.

Je cueillais la noisette.

LARIDELLE.

Taloche, un autre broc!

(*A part.*)

Sa langue est toujours nette.

TALOCHE, *bas.*

Faites donc l'homme gris.

LARIDELLE, *à Cochonaille.*

On parlait d'un poupard.

Qu'en dites-vous?..

COCHONAILLE, *faisant l'homme soûl.*

Je dis... que ce vin est chicard!

LARIDELLE.

Vous connaissez Henri?..

COCHONAILL.

Hé! garçon, du champagne!

LARIDELLE, *à part.*

Malpeste! quel buveur.

TALOCHE, *bas à Cochonaille.*

Bien! battez la campagne!

COCHONAILLE.

Je vois des hannetons... un crapaud... un milord!

Je vais courir après. Paff!..

TALOCHE.

Il est ivre mort!

LARIDELLE.

Puisque malgré les brocs que lui versa Taloche,
Il a toujours gardé sa langue dans sa poche,
Allons, sans plus tarder, préparer le chausson
Et retrousser nos bras pour la correction.

(*Il sort.*)

SCÈNE VI.

COCHONAILLE, TALOCHE.

TALOCHE.

Nous sommes seuls tous deux...

(*Il se détache.*)

Cher monsieur Cochonaille,
Redressez vos jarrets.

COCHONAILLE, *se relevant.*

Quelle atroce canaille!..
Taloche, sois-en sûr, je n'oublîrai jamais
Que sans toi, j'eusse été gris comme un Polonais,
Ce qui m'eût défrisé dans mon patriotisme...
Mais pourquoi me servir avec tant d'héroïsme?
Que t'ai-je fait pour ça?..

TALOCHE.

Ce n'est jamais en vain
Que d'un équarrisseur on a pressé la main.

COCHONAILLE, *lui donnant une poignée de main.*

Que je serais heureux, dans mes *panes* complètes,
Si je pouvais ainsi payer toutes mes dettes.

TALOCHE.

C'est assez s'attendrir... rappelez-vous l'arrêt.

COCHONAILLE.

Ah! c'est vrai! la savate... il faut fuir...

TALOCHE.

Tout est prêt.
Vos tendrons vont venir.

COCHONAILLE.

A leur rencontre, vole,
Tire-leur le cordon, puis cherche Poire-Molle.

TALOCHE, *annonçant.*

Les tendrons demandés.

COCHONAILLE.

A l'autre maintenant;
Qu'au plus tôt de ces lieux nous flanquions notre camp.

(*Taloche sort. Les femmes entrent.*)

SCÈNE VII.

COCHONAILLE, ARGOT, BOTTARVERS.

ARGOT, *fermant son parapluie.*

Quel fichu temps!

COCHONAILLE.

C'est elle!..

BOTTARVERS.

Animal de mon être!

COCHONAILLE.

Bottarvers, près de toi, ah! je me sans renaître.

ARGOT.

Où donc est Poire-Molle? Ah! dans ce doux moment,
C'est ma voix qui l'appelle et mon cœur qui l'attend!

COCHONAILLE.

Vous êtes servie!...

ARGOT.

Ah!

(*On apporte Poire-Molle sur une litière.*)

COCHONAILLE.

Voici qu'on vous l'apporte.

ARGOT.

D'où vient qu'il a besoin d'une pareille escorte?

SCÈNE VIII.

LES MÊMES, POIRE-MOLLE.

ARGOT.

Que veut dire ceci?... Du vin sur ses effets!

COCHONAILLE.

Hélas on l'a grisé!

POIRE-MOLLE, *ivre.*

Plaît-il? je suis Français!

COCHONAILLE.

Le temps presse... fuyons!...

POIRE-MOLLE.

(*Il essaie de se relever et retombe.*)

Non, j'ai trop la migraine.
(*A Argot.*) On m'a fait boire, mais je n'ai rien dit, ma reine.

ARGOT, *écoutant au fond.*

J'entends un bruit de botte.

POIRE-MOLLE.

Eclipsez-vous sans moi!

COCHONAILLE.

Me prends-tu pour un cuistre? Ah! je reste avec toi.

BOTTARVERS.

Nigaud !

COCHONAILLE.

De la savate il va subir la peine,
Pour qu'il se pose bien, il faut qu'on le soutienne,
Et je le soutiendrai.

POIRE-MOLLE.

Que dites-vous? grand Dieu !
La savate... le dos... ça me dégrise un peu.
Argot, rappelle-toi ta petite promesse.
(Mouvement de terreur d'Argot.)
Ah ! tu t'en souviens bien, car ton chignon se dresse.

ARGOT.

Je saurai la tenir.

BOTTARVERS, *à Cochonaille.*

Moi, je n'ai promis rien !
Comme elle je tiendrai.

COCHONAILLE.

Çà me fera du bien.

POIRE-MOLLE, *à Argot.*

Un souvenir, un seul ; donne-moi, ma chérie,
Quelques cheveux.

ARGOT.

Oh ! non, ma natte est peu fournie.

POIRE-MOLLE.

Tu refuses pitié pour un pauvre pochard !

ARGOT.

Que vais-je lui donner ? je n'ai que mon rifflard.
Tiens !

(Elle prend son parapluie et le lui donne.)

POIRE-MOLLE, *le mettant sur son cœur.*

Je le place là !

BOTTARVERS.

Chut ! voilà qu'on avance.

ARGOT, *allant au fond.*

Les gardes de l'adjoint.

COCHONAILLE.

Fumés !

POIRE-MOLLE.

Gare la danse !

SCÈNE IX.

LES MÊMES, LARIDELLE, *quatre Gardes.*

LARIDELLE.

Empoignez-les ; qu'on donne à chaque délinquant,
A l'endroit convenu, son juste châtiment.

ARGOT.

Mon Hercule.

BOTTARVERS.

Animal.

COCHONAILLE.

Tant de douleur me gène !

ARGOT.

Adieu !..

POIRE-MOLLE.

Non, pas adieu ; mais, au revoir, ma reine.

(*On emmène Poire-Molle et Cochonaille.*)

SCÈNE X.

BOTTARVERS, ARGOT.

(*Elles se jettent dans les bras l'une de l'autre.*)

BOTTARVERS, *pleurant.*

Chère Argot!

ARGOT, *idem.*

Bottarvers !

BOTTARVERS.

Ah ! comme ils vont souffrir !

ARGOT.

Et c'est pour nous !

BOTTARVERS, *écoutant.*

Tais-toi ; n'entends-tu pas gémir ?

ARGOT, *écoutant.*

Non, ce n'est que le bruit d'un omnibus qui passe.

BOTTARVERS.

Oh ! comme ils doivent faire une laide grimace !

ARGOT, *écoutant encore.*

Pour le coup, c'est leur voix ; oui, je les reconnais.

BOTTARVERS, *de même.*

Non, c'est le cri plaintif du marchand de navets.

ARGOT.

Ah ! que ne puis-je, hélas ! supporter à sa place,
La peine qu'il subit.

BOTTARVERS.

Oh ! l'idée est cocasse !
Ça fait donc bien du mal ?

ARGOT.

Bien du mal ?... On dit qu'oui...

BOTTARVERS.

Quelle attente cruelle !

ARGOT.

On vient !..

SCÈNE XI.

LES MÊMES, TALOCHE.

TALOCHE.
Tout est fini !

ARGOT.
Vous en venez ?

TALOCHE.
C'est moi, qui leur donnai la dose,

BOTTARVERS.
Qu'ont-ils fait ?

TALOCHE.
Qu'ont-ils dit ?

BOTTARVERS.
Racontez-nous la chose.

ARGOT.
Elle doit être affreuse !...

TALOCHE.
Oh ! oui... Vous le voulez ?...

ARGOT.
Nous en avons besoin !...

BOTTARVERS.
Parlez !...

ARGOT.
Parlez...

BOTTARVERS.
Parlez...

TALOCHE, *à part.*
Pauvres femmes, hélas! quel amour déplorable!
(*Haut.*) A peine nous sortions de ce lieu peu logeable,
Ils étaient au moment de la difficulté;
Le jeune marchait peu, l'autre était arrêté.
Le jeune dit à l'autre : Ah ! mon vieux, je trébuche,
Et l'autre l'enleva comme on fait d'une bûche;
Le jeune dit à l'autre : Ah! que je sois le preux;
L'autre lui répondit : Soit, je serai le seux.

LES DEUX FEMMES, *sanglotant.*
Hélas! hélas! hélas!

TALOCHE.
Le jeune dit à l'autre :
Tiens-moi la tête, et puis sur le sol il se vautre,
Saisit un parapluie et baisant le pépin,
Reçoit, sans sourciller, vingt-cinq coups d'escarpin.

LES FEMMES.
Hélas! hélas!

TALOCHE.
Puis, vint le tour de Cochonaille;

Lui-même, il s'étendit bravement sur la paille
Et son dos fut meurtri. Le peuple sanglotait.
(*Tombant à genoux et pleurant.*)
Ah! n'en demandez pas, mesdames, davantage.

LES FEMMES.

Hélas! hélas! hélas!...

ARGOT.

Mais un serment m'engage,
Allons donc l'accomplir.

TALOCHE, *désignant la porte de droite.*

C'est là qu'est leur séjour.

BOTTARVERS.

Portons-leur du cassis.

ARGOT.

Non, du parfait-amour.
(*Elles sortent à reculons. Taloche les suit.*)

SEPTIÈME TABLEAU.

Le théâtre représente une place de village; à gauche la maison de La Soupière, du côté des jardins.

SCÈNE I.

POIRE-MOLLE, COCHONAILLE, ARGOT, BOTTARVERS.

COCHONAILLE.

Ah! hé! vive la joie et les pommes de terre!

BOTTARVERS.

J'aperçois un traiteur.

ARGOT.

Il fera notre affaire.

POIRE-MOLLE.

Pour temple du plaisir choisissons ce bouchon.

BOTTARVERS.

Et tous quatre, chantons la mère Godichon.

POIRE-MOLLE.

Nos cœurs n'ont plus de maux!

COCHONAILLE.

Nos dos plus de blessures.

POIRE-MOLLE.

Votre baume effaça la trace des chaussures.

ARGOT.

Rions...

BOTTARVERS.

Dansons...

ARGOT.

Ah! mais, j'y pense... et mon époux?

BOTTARVERS.

Eh bien, quoi?

ARGOT.

Le pauvre homme, il est sous les verroux
Tandis que je rigole, et ne peut, à Grenelle,
Exécuter le plan que conçut sa cervelle.
Qui le délivrera?

POIRE-MOLLE.

Parlez; faut-il partir?...
Je pars.

BOTTARVERS.

Non, restez; trêve aux projets d'avenir;
Pour aujourd'hui, du moins, la gaîté nous engage:
Ce n'est pas le moment de parler mariage.

COCHONAILLE.

Bien dit!... laissons l'hymen pour l'omelette au lard.

ARGOT.

Soit... que mon mari passe après le Balthazar!

COCHONAILLE, *appelant.*

Hé! gargotier.

LA SOUPIÈRE, *en dehors.*

Voilà! qui m'appelle?... j'y vole.
(*Il entre.*)

SCÈNE II.

LES MÊMES, LA SOUPIÈRE.

POIRE-MOLLE.

Eh mais! je reconnais cette agreste boussole!...

LA SOUPIÈRE, *reconnaissant Poire-Molle et voulant se sauver.*

Lui!...

POIRE-MOLLE, *le retenant.*

Pourquoi te sauver? je te pardonne, ami,
Quoique ici je te tienne à ma merci...

LA SOUPIÈRE.

Merci;
D'autres vous ont vengé de mon humeur trop fauve:
(*Otant son bonnet et montrant sa tête, qui est toute rasée.*)
Car, ils m'ont tant rossé que j'en suis presque chauve.

BOTTARVERS.

Ah! quel affreux genou!

ARGOT, *à La Soupière.*

Soigne notre festin...
Et nous t'illustrerons d'un toupet superfin.

LA SOUPIÈRE.

Quel honneur pour mon crâne.

COCHONAILLE.

Entrons dans sa buvette,
Allons gobichonner à vingt-cinq sous par tête.

(*Ils entrent chez La Soupière.*)

SCÈNE III.

LA SOUPIÈRE, *puis* MADAME DOUBLE-SIX *et* LARIDELLE.

LA SOUPIÈRE.

Brave jeune homme! il a mis de l'eau dans son vin...
Allons en faire autant...

(*Apercevant madame Double-Six qui est entrée, il la salue.*)

DOUBLE-SIX.

Eloignez-vous, vilain!

(*La Soupière sort.*)

SCÈNE IV.

DOUBLE-SIX, LARIDELLE.

DOUBLE-SIX.

Vous avez bien compris, n'est-ce pas Laridelle?
Il faut qu'aujourd'hui même Henri parte à Grenelle.
Charles victime, hélas! de l'abrutissement,
Veut lui céder ici son établissement;
Henri, qui ne sait rien de tout ce qu'il projette,
Doit prendre avec plaisir la poudre d'escampette,
Allez briser ses fers, qu'il parte sur-le-champ,
Qu'il puisse respirer et chanter en *plein champ*.

LARIDELLE.

Je vais au violon. (*Il sort.*)

SCÈNE V.

MADAME DOUBLE-SIX, *seul*.

Le battoir de nos pères
Ne devait pas passer dans des mains étrangères;
Ce battoir servira de sceptre à Polisson!...
Je serai reine alors, car lui craint mon savon.

SCÈNE VI.

LA MÊME, POLISSON, *puis* CHARLES.

POLISSON.

Mon frère Charles approche... Oh! comme il tourne à l'oie!

DOUBLE-SIX.

J'ai travaillé pour toi.

POLLISSON.

J'en ai beaucoup de joie.

(*Charles arrive en courant, il tient sous son bras un petit coffre.*)

CHARLES.

Picht! Picht!...

DOUBLE-SIX.

Pourquoi tient-il ce coffre sous son bras?

POLISSON.

Je devrais le savoir, mais je ne le sais pas.

CHARLES.

Picht! Picht! faisons un peu la roue, sur cette place!

(*Regardant dans la salle.*)

Plutôt... à ce monsieur lançons une grimace.

(*Faisant la grimace.*)

Brrou!... Vivent les lapins!...

POLISSON.

Ah! mon frère!...

DOUBLE-SIX.

Ah! mon fils!...

CHARLES.

Quels sont ces sons?.. Ce sont ceux de la Double-Six.
Je vous trouve à propos, car je deviens stupide
Et pendant qu'il me reste un quart d'heure lucide,
J'en voudrais profiter... Qu'on me procure Henri?

DOUBLE-SIX.

Henri?..

CHARLES.

Mon cher beau-frère!..

DOUBLE-SIX.

Il est bien loin d'ici,
Il se pousse de l'air....

CHARLES.

Comment, il m'abandonne!...
Mais on ne peut donc plus s'entr'ouvrir à personne.

(*Il pleure.*)

Henri, que j'aimais tant! lui, mon petit bichon,
Il quitte indignement un malheureux cruchon!

(*Perdant la tête.*)

Mais... j'entends le crin-crin! Maman, je vous engage.

(*Faisant sauter et danser sa mère.*)

Dansons... Valsons... Polkons...

DOUBLE-SIX.

Au secours!

SCÈNE VII.

LES MÊMES, ARGOT, BOTTARVERS, POIRE-MOLLE, COCHONAILLE, SENÉ, LA SOUPIÈRE, LARIDELLE, *puis* HENRI.

TOUT LE MONDE.

Quel tapage!...

CHARLES.

Je n'en puis plus... Argot... Où donc est ton mari?

ARGOT.

Où vous l'avez coffré!...

DOUBLE-SIX.

Du tout, il est parti!...

CHARLES, *pleurant.*

C'est un vil sacripant! un enfant de portière!
Mon bon Henri... Picht... Picht...

HENRI, *paraissant.*

Me voici, mon beau-frère!

TOUT LE MONDE.

Le Renard!...

CHARLES.

Henriot!
(*Il l'embrasse en pleurant et lui prend son mouchoir pour essuyer ses larmes.*)

DOUBLE SIX.

Il n'a pas voulu fuir!...

HENRI, *à Double-Six.*

Vous me chassiez; j'ai vu qu'il fallait revenir!

CHARLES, *à sa mère.*

Vous voyez bien, madame. (*A Henri.*) Ah! tiens cette cassette.
(*Il l'ouvre, et en tirant le livre des lapins, il va le donner en cachette à sa mère et à Polisson auxquels il dit tout bas :*)
D'élever les lapins, à vous cette recette.....
Vous n'aurez que cela dans ma succession.
(*Effroi de Double-Six et de Polisson, qui reconnaissent le livre et veulent se le repasser.*)

CHARLES, *à Henri.*

De ma blanchisserie, à toi la cession.

ENSEMBLE.
ARGOT, BOTTARVERS, POIRE-MOLLE, COCHONAILLE, SENÉ.
Quel bonheur!...
DOUBLE-SIX, POLISSON, LARIDELLE, LA SOUPIÈRE.
Quel malheur!...

CHARLES.

Je ne veux qu'une petite rente,
Afin que sans soucis, sans que l'on me tourmente...
Je puisse bêtifier, devenir idiot...

HENRI, *à Charles.*

Vous pouvez y compter... A nous le sceptre, Argot!

ARGOT.

Me voici donc enfin, reine de la Potasse.

COCHONAILLE.

Alors étreignons-nous.

POIRE-MOLLE.

C'est ça, que l'on s'embrasse.

(*Tout le monde s'embrasse.*)

HENRI.

Pour notre compte enfin, nous allons lessiver !

(*Au public.*)

Pour être plus exact, je devrais me sauver,
Et quelqu'un recevoir à ma place, une pile,
Quand un troisième fils entrerait dans la ville.

POIRE-MOLLE.

Moi j'aurais dû mourir...

CHARLES.

Moi périr !

COCHONAILLE.

Moi, claquer !
Mais de gaîté, ce soir, cela pourrait manquer
Et je crois qu'il vaut mieux que l'on se réjouisse,
Afin qu'heureusement notre pièce finisse.

POIRE-MOLLE, *à Cochonaille.*

Que dis-tu? ce n'est pas de nous que ça dépend.

(*Au public.*)

Entre vos mains, messieurs, est le vrai dénoûment !
Ah ! faites que ce soir, désarmant la critique,
Nous puissions obtenir un succès historique !

FIN.

Poissy, imprimerie de G. OLIVIER.

EN VENTE :

Le Comte de Monte-Cristo. . .	6 vol.	12 fr.
Le Capitaine Paul.	1 —	2
Le Chevalier d'Harmental. . .	2 —	4
Les Trois Mousquetaires. . . .	2 —	4
Vingt Ans après.	3 —	6
La Reine Margot.	2 —	4
La Dame de Monsoreau, tome	1er —	2

SOUS PRESSE :

La Dame de Monsoreau.	tom. 2 et 3
Le Maître d'Armes.	1
Pauline et Pascal Bruno.	1
Souvenirs d'Antony.	1
Une Fille du Régent.	2
Ascanio.	2
Sylvandire.	2
Georges.	2
Cécile.	1
Isabel de Bavière.	2

LA

BIBLIOTHÈQUE DRAMATIQUE

CHOIX

DES

PIÈCES DE THÉATRE JOUÉES SUR TOUS LES THÉATRES DE PARIS,

imprimées dans le format in-18 anglais.

La Bibliothèque Dramatique publiera exclusivement toutes les œuvres théâtrales nouvelles de MM. Bayard, Anicet-Bourgeois, Dumanoir, Lockroy, Mélesville, Frédéric Soulié et Eugène Suë, qui se sont engagés également pour leurs collaborateurs, et les œuvres choisies des meilleurs auteurs dramatiques.

IL PARAIT TROIS OU QUATRE PIÈCES PAR MOIS. — QUATRE VOLUMES PAR AN.

Prix de chaque volume, 5 francs.

Chaque volume et chaque pièce se vendent séparément.

Le Gant et l'Éventail, comédie-vaud. en 3 actes, par MM. Bayard et Sauvage	» f.	60 c.
La Baronne de Blignac, comédie-vaudeville en 1 acte, par MM. Dumanoir et Nyon	»	50
L'Inventeur de la Poudre, vaudeville en 1 acte, par MM. Labiche et Lefranc	»	50
Le Château des Sept-Tours, drame en 5 actes, par MM. Maillan et Alboize	»	60
Sport et Turf, gentilhommerie en 2 actes, par MM. Dumanoir et Clairville	»	60
Le Docteur Noir, drame en 7 actes, par MM. Anicet et Dumanoir.	»	60
Charlotte, drame en 3 actes, précédé de LA FIN D'UN ROMAN, prologue, par MM. Emile Souvestre et Bourgeois	»	60
Clarisse Harlowe, drame en 3 a., par MM. Dumanoir et Clairville.	»	60
Madame de Tencin, drame en 5 actes (épuisé), par MM. Fournier et Mirecourt	3	»

Don Gusman, ou LA JOURNÉE D'UN SÉDUCTEUR, comédie en 5 a., en vers, par M. Adrien Decourcelle........................... » 60
Le Bonhomme Richard, comédie-vaudeville en 3 actes, par MM. Mélesville et Carmouche.................. .... » 60
Gentil-Bernard, ou l'ART D'AIMER, comédie-vaudeville en 5 actes, par MM. Dumanoir et Clairville......................... » 60
Échec et Mat, drame en 5 actes, par MM. O. Feuillet et P. Bocage. 1 »
Un Mari qui se dérange, comédie-vaudeville en deux actes, par MM. Cormon et Grangé........................... .... » 60
La Closerie des Genêts, drame en 6 a , par M. Frédéric Soulié.. » 60
Une Chambre à deux Lits, pochade en 1 acte, par MM. Varin et Lefèvre... » 50
Les Demoiselles de Noce, comédie-vaudeville en 2 actes, par MM. Bayard et Léon Laya.............................. » 60
Le Nœud Gordien, drame en 5 actes, par Mme Casamajor........ » 60
Pierre Février, comédie-vaudeville en 1 acte, par M. Davesne... » 50
Gibby la Cornemuse, opéra-comique en 3 actes, par MM. de Leuven et Brunswick..................................... 1 »
Le Lait d'Anesse, comédie-vaudeville en 1 acte, par MM. Gabriel et Dupeuty.. » 60
La Poudre-coton, revue en 5 a., par MM. Dumanoir et Clairville. » 60
Diable ou Femme, comédie en 1 acte, par M. Hippolyte Lucas... » 50
Un Mari fidèle, comédie-vaud. en 1 a., par MM. Varin et Dugard.. » 50
Robert Bruce, opéra en 3 actes, par MM. Alph. Royer et Vaëz... 1 »
Marie, ou **l'Inondation,** drame en 5 actes et 7 tableaux, par MM. Anicet et Francis................................. ... » 60
Les Mystères du Carnaval, drame en 5 actes et 9 tableaux, par MM. Anicet et Michel Masson................................ » 60
Mademoiselle Navarre, comédie-vaud. en 1 a., par M. H. Lucas. » 50
Trois Rois, Trois Dames, comédie-vaudeville en 3 actes, par M. Léon Gozlan......... .... » 60
Un Coup de Lansquenet, comédie en 2 actes, par M. Léon Laya. » 60
Irène, ou **le Magnétisme,** drame-vaudeville en 2 actes, par MM. Scribe et Lockroy.. » 60
En Province, comédie en 3 actes, en vers, par M. Ernest Serret... » 60
Le Filleul de tout le monde, comédie-vaudeville en 4 actes, par M. Emile Souvestre....................................... » 60
Le Fantôme, comédie-vaudeville en 1 acte, par MM. Bayard et Sauvage.................................... .... » 60
La Reine Margot, drame en 5 actes et 13 tableaux, par MM. Al. Dumas et Maquet................. .... 1 »
Bertram le Matelot, drame en 5 actes, par M. J. Bouchardy..... » 60
La Bouquetière, opéra en 1 acte, par M. Hippolyte Lucas........ 1 »
Hamlet, drame en 5 actes, en vers, par MM. Alexandre Dumas et Meurice...... .... 1 »

PIÈCES DE THÉATRE

Imprimées à 2 colonnes, dans le format grand in-octavo.

Les Mousquetaires de la Reine, opéra-comique en 3 actes, par M. de Saint-Georges.. 1 fr. » c.
La Famille Poisson, comédie en 1 acte, par M. Samson......... » 60
La Mère de Famille, vaudeville en 1 acte, par MM. Dennery et Lemoine.. » 50
Le Petit-Fils, comédie-vaudev. en 1 a., par MM. Bayard et Varner. » 60
Frisette, comédie-vaudev. en 1 a., par MM. Labiche et Lefranc.... » 50
L'Etoile du Berger, féerie en 14 tableaux, par MM. Anicet et Dennery.. » 60
Juanita, comédie-vaudev. en 2 a., par MM. Bayard et Comberousse. » 60
Philippe II, roi d'Espagne, drame en 5 actes, précédé de l'ÉTUDIANT D'ALCALA, prologue, par M. Cormon.................. » 60
Les Frères Dondaine, vaudev. en 1 a., par MM. Varin et Lopez.. » 60
La Carotte d'Or, comédie-vaudeville en 1 acte, par MM. Mèlesville et Comberousse.. » 50
Le Trompette de M. le Prince, opéra-comique en 1 acte, par M. Mélesville.. » 60
Le Roman comique, comédie-vaudev. en 3 a., par MM. Dennery, Cormon et Romain.. » 60
L'Enfant du Carnaval, vaudeville en 3 actes (épuisé), par MM. Dumanoir et Clairville.................................. 3 »
Le Serpent sous l'herbe, vaudeville en 1 a., par M. A. Durantin. » 50
Le Jardin d'Hiver, comédie-vaudeville en 1 acte, par MM. Mélesville et Carmouche...................................... » 50
Rocambolle le Bateleur, vaudeville en 2 actes, par MM. Labiche et Lefranc.. » 60
Don Juan, opéra en 5 actes, par MM. E. Deschamps et H. Blaze... 1 »
Monsieur de Maugaillard, comédie en 1 acte, par M. Rosier.... » 60
La Femme de mon Mari, vaudeville en 2 actes, par M. Rosier.. » 60
L'Inconsolable, vaudeville en 3 actes, par M. Rosier.............. » 60
Le Gamin de Londres, drame-vaudev., en 3 a., par MM. Théaulon et Gabriel .... » 60
La Reine de Chypre, opéra en 5 actes, par M. de St-Georges..... 1 »
L'Ame en peine, opéra en 2 actes, par M. de St-Georges.......... 1 »
L'Étoile de Séville, opéra en 4 actes, par M. Hippolyte Lucas.... 1 »
Guido et Ginevra, opéra en 5 actes, par M. Scribe.............. 1 »
Le Freyschutz, opéra en 3 actes, par M. Pacini.................. 1 »
Benvenuto Cellini, opéra en 2 actes, par M. Barbier............ 1 »
Dom Sébastien de Portugal, opéra en 5 actes, par M. Scribe... 1 »
Le Lazzarone, opéra en 2 actes, par M. de St-Georges.......... 1 »
Le Guerillero, opéra en 2 actes, par M. Th. Anne............... 1 »
Richard en Palestine, opéra en 3 actes, par M. Paul Foucher.... 1 »
Marie Stuart, opéra en 5 actes, par M. Th. Anne................ 1 »

PIÈCES DE THÉATRE

Imprimées dans le format in-octavo ordinaire.

Aladin, ou LA LAMPE MERVEILLEUSE, op. en 5 a., par M. Étienne.	»	60
André le Chansonnier, dr. en 2 a., par MM. Fontan et Desnoyer.	1	»
La Belle-Mère et le Gendre, comédie en 3 actes, en vers, par M. Samson	»	60
Claude Stocq, drame en 5 actes, par MM. Arnould et Fournier	»	60
Cosima, ou LA HAINE DANS L'AMOUR, drame en 5 a., par G. Sand.	1	»
Crispin rival de son Maître, comédie en un acte, par Lesage	»	60
Le Drapier, opéra en trois actes, par M. Scribe	1	»
Échec et Mat, drame en 5 a., par MM. O. Feuillet et P. Bocage	1	»
Frédégonde et Brunehaut, trag. en 5 actes, par M. Lemercier	»	60
Gibby la Cornemuse, opéra-comique en 3 actes, par MM. de Leuven et Brunswick	1	50
Gustave III, ou LE BAL MASQUÉ, opéra en 5 actes, par M. Scribe	»	60
L'Idée du Mari, comédie-vaudeville en un acte, par MM. Dennery et Cormon	»	60
Lambert Simnel, ou LE MANNEQUIN POLITIQUE, comédie en 5 actes par MM. Picard et Empis	1	»
Léocadie, opéra-comique en 3 actes, par MM. Scribe et Mélesville.	»	60
Le Mémoire de la Blanchisseuse, vaudeville en un acte, par MM. Brazier et Villeneuve	1	50
Le Modèle, vaudeville en un acte, par MM. Cogniard frères	»	60
Le Monomane, drame en 5 actes, par M. Ch. Duveyrier	»	60
Les Mousquetaires de la Reine, opéra-comique en 3 actes, par M. de Saint-Georges	1	50
La Muette de Portici, opéra en 5 actes, par M. Scribe	1	»
La Neige, opéra-comique en 4 actes, par M. Scribe	»	60
L'Ombre d'un Amant, comédie-vaudeville en un acte, par MM. Fournier et Clairville	»	60
Paméla, ou LA FILLE DU PORTIER, vaudeville en un acte, par M. Gabriel	1	»
Partie et Revanche, comédie-vaud. en un acte, par MM. Scribe et Brazier	»	60
Pauvre Mère, drame en 5 actes, par MM. Auger et Francis	»	60
Le petit Chaperon-Rouge, op.-com. en 3 actes par M. Théaulon.	»	60
La princesse Aurélie, comédie en 5 a. par Casimir Delavigne	»	60
Pierre de Portugal, tragédie en 5 actes, par M. Lucien Arnault.	1	»
Le roi David, opéra en 3 actes, par MM. Alexandre Soumet et Mallefille	1	»
Santeuil, ou LE CHANOINE AU CABARET, vaudeville en un acte, par MM. Brazier et de Villeneuve	1	50
L'Univers et la Maison, comédie en 5 actes, par M. Méry	1	50
La Vieille, opéra-comique en 1 acte, par M. Scribe	»	60
Le Voyage de la Liberté, pièce en 4 actes, par MM. Fontan et Desnoyers	1	»

Ouvrages illustrés.

LE FAUST

DE GOETHE

TRADUCTION REVUE ET COMPLÈTE, PRÉCÉDÉE D'UN ESSAI SUR GOETHE

PAR M. HENRI BLAZE

Édition illustrée de 9 Vignettes, dessinées

PAR

M. TONY JOHANNOT

ET D'UN NOUVEAU PORTRAIT DE GOETHE

GRAVÉS SUR ACIER PAR M. LANGLOIS ET TIRÉS SUR PAPIER DE CHINE.

Un volume grand in-8. — Prix : 12 francs

PUBLIÉ EN 40 LIVRAISONS A 30 CENTIMES.

(Extrait du Journal des Débats).

Faust occupe dans les œuvres de Goethe la même place que Goethe dans la littérature allemande, c'est-à-dire la première. A un pareil chef-d'œuvre, la popularité ne pouvait manquer en France, et l'édition illustrée va consacrer définitivement cette adoption de Goethe au pays de Voltaire et de Rousseau.

Poésie, drame, philosophie, critique, toutes les formes de la pensée humaine ont servi à construire cette œuvre étrange et multiple, qui n'a d'égale dans aucune littérature.

Combien d'épisodes attachants dans ce vaste poëme, où le pittoresque se rencontre à chaque pas! Faust, Marguerite, Méphistophélès, Valentin, types immortels que l'imagination aime à se représenter sans cesse ! Qui ne s'est ému de tendresse à la douce complainte de Marguerite au rouet ? Qui n'a essayé de sonder avec le vieux docteur les abîmes de l'intelligence ? Qui n'a frémi au ricanement diabolique de Méphistophélès dans la terrible scène de l'écolier! Et la promenade au jardin, et cette rencontre des deux jeunes filles au puits, et la mort de Valentin, et la vision dans l'église! Croyez-vous qu'il existe quelque part de plus dramatiques sujets, des tableaux plus empreints de grandeur et de poésie ?

Aussi le chef-d'œuvre de Goethe devait tenter l'illustration, et, sur ce point, la France n'aura rien à envier à l'Allemagne. Même après Retzsch et Cornélius, on admirera les dessins si ingénieux, si variés, si heureusement inspirés de M. Tony Johannot, lesquels ont été gravés par M. Langlois. Quant à la traduction de M. Henri Blaze, réimprimée jusqu'à cinq fois dans la Bibliothèque Charpentier, l'immense succès qu'elle a obtenu permet de ne pas insister sur les hautes qualités littéraires qui la distinguent. M. Henri Blaze ne s'est pas borné à traduire *Faust*, il en a commenté l'esprit, et trois ans d'études et de méditations lui ont livré les secrets du chef-d'œuvre, désormais révélé au lecteur français. Le texte publié aujourd'hui a été revu entièrement par le jeune traducteur, que ses travaux de critique sur Goethe ont associé d'une façon si distinguée aux esprits qui, depuis quarante ans, se sont proposé de servir de lien entre l'Allemagne et la France.

LES JÉSUITES

DEPUIS LEUR ORIGINE JUSQU'A NOS JOURS

Histoire, Types, Mœurs, Mystères,

PAR

M. A. ARNOULD

ILLUSTRÉS DE 20 GRAVURES SUR ACIER ET DE 100 GRAVURES SUR BOIS,

d'après les dessins de

MM. TONY JOHANNOT, J. DAVID, E. GIRAUD, JANET-LANGE, E. LORSAY, HADAMARD, FRÈRE ET DUPUIS.

2 vol. grand in-8 ;— prix : 20 fr. ;— publiés en 67 livr. à 30 c.

LES COUVENTS

Origine — Histoire — Règle — Discipline — Mœurs — Types — Mystères

PAR

MM. LOUIS LURINE ET ALPHONSE BROT,

ILLUSTRÉS

de 18 gravures sur acier et d'un grand nombre de gravures sur bois, d'après les dessins de MM. Tony Johannot, Célestin Nanteuil et Français.

Un beau volume grand in-8. — Prix : 7 fr.

LES BAGNES

Histoire, Types, Mœurs, Mystères.

PAR

M. MAURICE ALHOY

Un beau vol. grand in-8, orné de 105 gravures, dont 35 tirées hors du texte, par MM. de Rudder, Bertall, Valentin, Jules Noël, etc.

Prix : 13 francs.

Ouvrages littéraires.

ÉCRIVAINS ET POÈTES

DE

L'ALLEMAGNE

PAR M. HENRI BLAZE

TABLE DES MATIÈRES :

Wieland — Klopstock — Burger — Schiller — Goethe — Jean Paul
Novalis — Tieck — Arnim
Immermann—Grabbe—Bettina—Clément Brentano—Caroline de Günderode
la comtesse Stolberg — Uhland — Justin Kerner
Rückert — Moerike — Henri Heine — Freiligrath — Anastasius Grün.

1 vol. in-18, format anglais. — Prix : 3 fr. 50 cent.

BLUETTES ET BOUTADES

PAR

J. PETIT-SENN (DE GENÈVE)

AVEC UNE PRÉFACE PAR M. LOUIS-REYBAUD

UN JOLI VOLUME IN-18, FORMAT ANGLAIS.

Prix : 3 fr. 50 cent.

L'Époque, *l'Illustration*, *le Corsaire-Satan*, *l'Artiste*, *la Revue de Paris*, *le Semeur*, et en général tous les journaux littéraires de Paris, se sont accordés pour rendre justice à la consciencieuse originalité de ce spirituel et joli volume, qui contraste étrangement avec les productions de notre époque.

PORTRAITS LITTÉRAIRES

Par **GUSTAVE PLANCHE.** — 2 vol. in-8. — Prix : 7 fr.

DE L'AMOUR

Selon les lois premières et selon les Convenances des Sociétés modernes

Par **DE SENANCOUR.** — 2 vol. in-8. — Prix : 8 fr.

RÊVERIES

Par **DE SENANCOUR.** — 1 vol. in-8. — Prix : 3 fr.

ISABELLE

Par **DE SENANCOUR.** — 1 vol. in-8. — Prix : 3 fr.

DE L'OPÉRA EN FRANCE

Par **CASTIL-BLAZE.** — 2 vol. in-8. — Prix : 4 fr.

LES STALACTITES

POÉSIES

Par **THÉODORE DE BANVILLE.** — 1 vol. in-8. — Prix : 4 fr.

NOUVEAU MANUEL

DE LA CONVERSATION FRANÇAISE ET ANGLAISE

CONTENANT **100** DIALOGUES USUELS ET FAMILIERS

Par **A. FRUELDSON.** — 1 vol. in-18 — Prix — 1 fr. 50 c.

ART DE FRENCH CONVERSATION

By **J.-L. MABIRE.** — 1 vol. in-18 oblong. — Prix : 1 fr. 50 c.

ROMANS

(format in-8°)

ALEXANDRE DUMAS.

Le Comte de Monte-Cristo. . . . . (2e édition). . 12 vol. 60 f. »
Les Trois Mousquetaires. . . . . . (—). . 8 vol. 40 »
Vingt ans après (suite des Trois Mousquetaires) . . . . (—). . 8 vol. 40 »
La Reine Margot. . . . . (—). . 6 vol. 30 »
Le Vicomte de Bragelonne (sous presse). . . . . . 10 vol. » »

LOUIS REYBAUD

(Auteur de Jérôme Paturot).

Edouard Mongeron . . . . 5 vol. 25 »
Le Coq du clocher . . . . 2 vol. 10 »
César Falempin. . . . . 2 vol. 10 »
Pierre Mouton. 2 vol. 10 »
Le Dernier des Commis-Voyageurs. . . . . 2 vol. 10 »
Marie Brontin (sous presse). . . . . 2 vol. 10 »

JULES JANIN.

Le Chemin de traverse. . . . . 1 vol. 3 50

Mémoires de Mademoiselle Flore, des Variétés, écrits par elle-même (2e édition)

Avec cette épigraphe : Pourquoi n'écrirais-je pas mes Mémoires ?
Ma blanchisseuse écrit bien les siens.

3 vol. in-8. 12 »

PROSPER MÉRIMÉE.

Carmen . . . . 1 vol. 5 f. »

JULES SANDEAU.

Madeleine . . . . 1 vol. 5 »
Mademoiselle de la Seiglière . . . . 2 vol. 10 »
Un Héritage (sous presse) . . . . 2 vol. 10 »

Mme CHARLES REYBAUD.

Géraldine . . . . 2 vol. 10 »
Les Deux Marguerite . . . . 2 vol. 10 »
Sans Dot . . . . 2 vol. 10 »
Le Cadet de Colobrières . . . . 2 vol. 10 »
Félise (sous presse) . . . . 2 vol. 10 »

CHARLES DIDIER.

Rome souterraine . . . . 2 vol. 10 »
Romans du Maroc . . . . 4 vol. 10 »

ARSÈNE HOUSSAYE.

Madame de Favières . . . . 2 vol. 5 »

ÉDOUARD CORBIÈRE.

Pelaïo . . . . 2 vol. 5 »

Sous presse.

LA VIE LITTÉRAIRE

PAR JULES JANIN

2 beaux vol. in-8. — Prix : 16 fr.

Paris. — Typ. LACRAMPE FILS ET COMP., rue Damiette, 2.

www.ingramcontent.com/pod-product-compliance
Ingram Content Group UK Ltd.
Pitfield, Milton Keynes, MK11 3LW, UK
UKHW021629260726
13994UKWH00003B/1132

9 782329 367866